Mamá Brito &
Rafael Mendes

Autores do livro *Seja Visto e Lembrado*

# O VENDEDOR ESTOICO



Aprenda a desensolver
**força** e **resiliência**
para conquistar mais clientes

ALTA BOOKS
GRUPO EDITORIAL
Rio de Janeiro, 2025

# O Vendedor Estoico



Alta Books é uma empresa do Grupo Editorial Alta Books (Starlin Alta Editora e Consultoria LTDA.).



ISBN: 978-85-508-2452-9

Impresso no Brasil — 1ª Edição, 2025 — Edição revisada conforme o Acordo Ortográfico da Língua Portuguesa de 2009.

Dados Internacionais de Catalogação na Publicação (CIP)
**(BENITEZ Catalogação Ass. Editorial, MS, Brasil)**

M497v
1.ed. Mendes, Rafael
O vendedor estoico : aprenda a desenvolver força e resiliência para conquistar mais clientes / Rafael Mendes, Márcio Brito – 1.ed. – Rio de Janeiro : Alta Books, 2025.
208 p.; 15,7 x 23 cm.
ISBN 978-85-508-2452-9
1. Atendimento ao cliente. 2. Estoicismo. 3. Ética profissional. 4. Filosofia. 5. Gestão de negócios. 6. Inteligência emocional. 7. Mentalidade positiva. 8. Tomada de decisões. I. Título.

11-2024/83 CDD 658.1

**Índice para catálogo sistemático:**
1. Resiliência : Desenvolvimento profissional : Gestão de negócios 658.1
**Aline Graziele Benitez – Bibliotecária – CRB-1/3129**



**Grupo Editorial Alta Books**

**Produção Editorial:** Grupo Editorial Alta Books
**Diretor Editorial:** Anderson Vieira
**Editor da Obra:** Rosana Arruda
**Vendas Governamentais:** Cristiane Mutüs
**Gerência Comercial:** Claudio Lima

**Produtora Editorial:** Ana Clara Tambasco
**Revisão:** Camila Maia e Denise Himpel
**Diagramação**: Rita Motta
**Capa**: Caio Choinski

ALTA BOOKS
GRUPO EDITORIAL

Rua Viúva Cláudio, 291 — Bairro Industrial do Jacaré
CEP: 20.970-031 — Rio de Janeiro (RJ)
Tels.: (21) 3278-8069 / 3278-8419
**www.altabooks.com.br** — altabooks@altabooks.com.br
**Ouvidoria:** ouvidoria@altabooks.com.br

Editora **afiliada à:**
ASSOCIADO

# Dedicatória

Dedico este livro ao meu falecido pai, Paulo Darci de Aguiar, homem trabalhador, honesto, resiliente, forte e corajoso. Um homem de fé! Te agradeço, meu pai, por me "obrigar" nas minhas férias na infância a ler os clássicos de Machado de Assis e de José de Alencar. Minhas melhores memórias estão vinculadas àquele armário de mogno preto da nossa sala, cheio de livros e revistas.

Tio Rafa, me lembro do senhor lendo os livros de Tex, seu cowboy predileto, obrigado por ler na minha frente, isso está fresco na minha memória.

À minha querida esposa, à minha mãe e à minha família e aos meus sócios, obrigado por estarem ao meu lado. Aos amigos da Nova Stoa e Estoicismo Prático, que me ajudam no aprendizado da filosofia estoica.

Aos colaboradores da RP Trader®, e, acima de tudo, a Deus, por ser tão generoso comigo.

**Rafael Mendes**

Dedico este livro à Olga Rios Brito minha avó que me ensinou a vender! Dona de loja de móveis, fábrica de móveis e bar na beira da rodovia! Você é incansável.

À minha falecida Mãe, que era vendedora de anúncios na lista telefônica Editel!

Você era uma guerreira que batia de porta em porta oferecendo para as pessoas.

Valeu a pena, Mãe, veja o homem que me tornei!

**Mamá Brito**

# Sumário


Prefácio 1 1
Prefácio 2 3
Prefácio 3 5
Rafael Mendes 6
Mamá Brito 12
Apresentação 15
Introdução 23

CAPÍTULO 1

Torne-se um Vendedor Estoico 33

A Pirâmide da Dicotomia do Controle [DC] 36
A atitude 38
O comportamento 39
As táticas 42
Defina metas 43
Crie conexões 48
Técnica de Espelhamento e Correspondência 49
Defina expectativas 51
Descubra as dores do seu cliente 54
O orçamento 56
A hora da decisão 59
A apresentação 61
Fechando negócio 63

CAPÍTULO 2
Oratória: a apresentação de alto impacto em vendas 65

CAPÍTULO 3
Como ficar na mente do cliente 75

CAPÍTULO 4
Como vender para pessoas que não querem comprar 79

CAPÍTULO 5
Introdução a neurovendas 85

Neurovendas 86
A importância dos sentidos para a persuasão 87
Como criar uma conexão com seus clientes 91
Neurônio-Espelho 91
AIDA – Atenção, Interesse, Desejo e Ação 92
Gatilhos Mentais 93
Vieses cognitivos que influenciam a mente do seu cliente 95
Os perfis de clientes e como lidar com eles 98
A questão da precisão em vendas 102

CAPÍTULO 6
*Cross-selling* e *up-selling* 105

CAPÍTULO 7
Sêneca e o autoconhecimento 113

Introdução 114
O autoconhecimento pela visão de Sêneca 116

CAPÍTULO 8
*Hacks* do estoicismo para o dia a dia em vendas 123
Introdução 124
15 *Hacks* do estoicismo para o dia a dia em vendas + bônus 124
*Hack* 01 – Olhar para o outro 124
*Hack* 02 – Controle x Não controle 125
*Hack* 03 – Visão da vida inteira 126
*Hack* 04 – Chame as coisas pelo seu nome verdadeiro 127
*Hack* 05 – A verdade como virtude 128
*Hack* 06 – Ame-se 129
*Hack* 07 – Não consuma notícias negativas e que possuam violência 129
*Hack* 08 – Pratique o desconforto 130
*Hack* 09 – Use as quatro virtudes como sua bússola diária 131
*Hack* 10 – O julgamento 132
*Hack* 11 – Ninguém quer andar perto do desonesto, até mesmo o próprio desonesto 133
*Hack* 12 – Desafie a sua competência 134
*Hack* 13 – Como cobrar seu cliente sem ser chato 135
*Hack* 14 – Três dicas do filme *Gladiador* que pode ser aplicadas em sua rotina de vendas 136
*Hack* 15 – O indicador mais importante em Vendas 137
*Hack* bônus 1 – O Efeito Dunning-Kruger 139
*Hack* bônus 2 – Descubra os motivos pelos quais você deve lutar 141

CAPÍTULO 9
Zenão e o estoicismo 143
Introdução 144
Zenão e o surgimento do estoicismo 144

CAPÍTULO 10
Sabedoria romana 149
Introdução 150
Sabedoria romana – Os estoicos e a arte de viver 151

CAPÍTULO 11
A lógica estoica 155

CAPÍTULO 12
A física estoica 159

CAPÍTULO 13
A ética estoica 163
O homem mais honesto e ético do mundo, por Rafael Mendes 164
A ética estoica 164
A teoria da ação 165
A virtude 166

CAPÍTULO 14
Epicteto e a arte de viver 167
Epicteto e a arte de viver 168

CAPÍTULO 15
Marco Aurélio e a vida de acordo com a natureza 175
A vida de acordo com a natureza 176

CAPÍTULO 16
O funil de virtudes do vendedor estoico 179
Funil de vendas clássico 180
Funil de virtudes 183

Conclusão 193
Referências bibliográficas 195
Índice 197

# Prefácio 1

O mundo das vendas é um ambiente desafiador, competitivo e, muitas vezes, desanimador. Os vendedores enfrentam a pressão constante de cumprir suas metas, de lidar com a rejeição e de se manterem motivados em meio a um ambiente cada vez mais complexo e incerto.

No entanto há uma filosofia antiga que pode ajudar os vendedores a enfrentarem esses desafios: construir uma mentalidade fortalecedora e alcançar o sucesso em suas trajetórias. Essa filosofia é o estoicismo, uma corrente filosófica que teve origem na Grécia antiga, há mais de 2 mil anos, e continua a ser fundamental para os negócios e para a vida moderna.

Como diria meu grande amigo, Rafael Mendes: "Vendas é uma arte, mas também é uma ciência". Vender exige criatividade, empatia e habilidades de comunicação, bem como o conhecimento e a compreensão das necessidades dos clientes e dos mercados. Contudo a venda também é um jogo mental, que exige resiliência, perseverança e habilidades emocionais para enfrentar a rejeição e os desafios do dia a dia. Neste livro, Rafael Mendes e Mamá Brito combinam a filosofia estoica com a experiência e a técnica de vendas, para fornecer ferramentas que os vendedores precisam para ter sucesso em um mercado desafiador e altamente competitivo.

Ao longo deste livro, os autores explicam como aplicar os princípios estoicos às vendas, desde a mentalidade correta até as técnicas avançadas de vendas. Eles também incluem histórias e exemplos práticos de como aplicar esses princípios aos negócios, permitindo que os vendedores entendam como colocá-los em prática em seu trabalho diário.

Entre os princípios estoicos, encontram-se o desenvolvimento da resiliência, a aceitação da rejeição, o foco no que se pode controlar e a importância da autoconfiança. Essas habilidades são valiosas para qualquer vendedor que deseja enfrentar os desafios da profissão com confiança e determinação. Mendes também aborda a importância da criação de um processo de vendas escalável e previsível. E esses temas são fundamentais para vendedores que desejem aumentar a conversão, construir uma carteira de clientes leais e crescer em suas carreiras.

Ao seguir os ensinamentos deste livro, os vendedores podem desenvolver uma mentalidade fortalecedora e habilidades valiosas, que os ajudarão a alcançar seus objetivos de vendas e a construir carreiras bem-sucedidas. Mais do que isso, os princípios estoicos podem ser aplicados em todas as áreas da vida, permitindo que os leitores cultivem uma mentalidade positiva e resiliente em todos os aspectos de sua vida.

Em resumo, *O Vendedor Estoico* é uma obra essencial para qualquer vendedor ou empreendedor que deseja alcançar o sucesso em sua trajetória. Ao unir a filosofia estoica com as técnicas modernas de vendas, Rafael Mendes e Mamá Brito oferecem uma abordagem única e abrangente que pode ajudar os leitores a desenvolver uma mentalidade mais forte e resiliente para lidar com os desafios do mundo dos negócios. Este livro oferece um guia prático e inspirador para os vendedores que desejem não apenas alcançar seus objetivos de vendas, mas também para aqueles que desejem se tornar líderes melhores e mais conscientes. Com as valiosas lições e técnicas compartilhadas neste livro, os leitores estarão equipados com as ferramentas necessárias para construir relações duradouras com seus clientes e alcançar o sucesso em suas carreiras de vendas. Então mergulhe nesta leitura inspiradora e deixe-se levar por uma jornada que pode mudar a maneira como você pensa e trabalha.

**Vinicius Silvestrini**

CEO da eMentor.

# Prefácio 2

É com grande satisfação que escrevo este prefácio para o livro *O Vendedor Estoico: Aprenda com os mestres da filosofia estoica, Sêneca, Epicteto e Marco Aurélio, a desenvolver força e resiliência para conquistar mais clientes*. Esse livro é uma obra inspiradora e prática, que traz ensinamentos valiosos dos grandes filósofos estoicos para o mundo dos negócios e vendas.

O estoicismo é uma filosofia que teve origem na Grécia antiga e que teve seu auge no Império Romano. Seus principais objetivos são a busca pela sabedoria, a felicidade e a virtude, através da aceitação do destino, do autocontrole e da busca pelo bem comum. Os estoicos acreditavam que a vida deveria ser vivida de acordo com a razão e que devemos aceitar o que está além do nosso controle, concentrando nossos esforços e energia no que podemos controlar.

Os grandes estoicos, como Sêneca, Epicteto e Marco Aurélio, foram figuras importantes na história da filosofia e suas ideias ainda ressoam até hoje. Sêneca era um filósofo romano, que escreveu diversas obras sobre ética, política e retórica. Epicteto, por sua vez, foi um filósofo grego que nasceu como escravo, mas que se tornou um dos mais influentes filósofos estoicos. E Marco Aurélio foi um imperador romano que também era um filósofo estoico e que escreveu o livro *Meditações*, uma obra famosa sobre filosofia prática.

Em *O Vendedor Estoico*, os autores utilizam as ideias desses grandes filósofos para mostrar como podemos aplicar os ensinamentos do estoicismo em nossas vidas profissionais, especialmente, no mundo das vendas. O livro oferece um guia prático para desenvolver a força, a resiliência e a sabedoria necessárias para enfrentar os desafios do mundo dos negócios e para conquistar mais clientes.

Com uma linguagem clara e objetiva, os autores nos levam a uma jornada de autodescoberta, em que aprendemos a lidar com as situações difíceis de forma serena e equilibrada, mantendo sempre o foco em nossos objetivos. Ao longo do livro, somos apresentados a diversos conceitos importantes do estoicismo, como a ataraxia (tranquilidade), a eudaimonia (felicidade); e as virtudes estoicas, como a coragem, a justiça, a temperança e a sabedoria.

Resumindo, *O Vendedor Estoico* é uma obra única, que combina filosofia e negócios de forma inteligente e criativa. Se você é um estudante do estoicismo, um vendedor em busca de aprimoramento profissional ou simplesmente um leitor em busca de inspiração, este livro certamente irá lhe proporcionar muitos insights valiosos. Espero que você aproveite a leitura tanto quanto eu aproveitei.

Atenciosamente,

**Marcos Pollo**

Empreendedor na Viamaker Education e
CEO no Estoicismo Brasil (@stoabrasil).

# Prefácio 3

Quando Rafael Mendes me pediu para escrever este prefácio, me senti em uma zona que não gosto de estar: inseguro e despreparado. Mas, então, fui fazer o que talvez seja uma das atividades que mais gosto: pescar por esporte.

Durante a pescaria, refletindo e tentando entender como deveria escrever, lembrei o que o Rafa me ensinou no estoicismo: fazer aquilo que está sob seu controle e não se preocupar com o que você não controla.

E isso é exatamente como pescar: você controla a isca, a vara, a linha, mas não o peixe. No entanto, se você tentar de várias maneiras diferentes, usando as técnicas que você aprendeu, você irá fisgá-lo, e todo o tempo terá valido a pena.

Pois bem, é sobre isso que você irá encontrar neste livro, tudo o que você pode controlar para se tornar um melhor vendedor e, no momento que seu cliente entender que sua proposta é a melhor, você irá fisgá-lo.

Convido você a entrar nessa leitura de aprendizado, autoconhecimento e mudança, para que, daqui para frente, você consiga fisgar os maiores peixes da sua vida.

Atenciosamente,

**Victor Rangel**
CEO Ninho Digital.

# Rafael Mendes

*"Coisa alguma acontece a um homem*
*que não seja, por natureza, capaz de suportar."*
Marco Aurélio, *Meditações*, Livro V, Parte 18.

Decidi escrever este livro, porque vivi um momento na minha vida que me obrigou a mudar o meu olhar e as minhas atitudes diante do meu trabalho e da minha vida. Em um momento muito difícil, conheci o estoicismo e comecei a colocá-lo em prática na minha vida pessoal. Nesse caminho, percebi o quanto ele também faz sentido na minha vida como empreendedor e vendedor. Por isso, me apresento neste livro, compartilhando com vocês como o estoicismo chegou até mim.

Há algum tempo, tive uma decepção com um(a) sócio(a) que tive. Diante dessa experiência decepcionante, e no processo de saída desse (a) sócio(a), descobertas aconteceram que me tiraram o equilíbrio físico e emocional. Em uma dessas descobertas — considerada, por mim, inadmissível —, tive uma crise de estresse devido ao excesso de cortisol. Por conta disso, o lado direito do meu corpo começou a ficar paralisado e tive um ataque muito forte de rinite ainda na minha empresa, em frente a amigos e sócios que trabalham comigo.

Ao chegar em casa, minha esposa, Fabiana, assustada ao me ver em um estado deplorável, tentou me ajudar a controlar esses sintomas e as minhas emoções. Era uma mistura de crise de ansiedade com rinite, até que eu comecei a ficar inchado. Não havia saída. Ela preparou um chá e agendou um psiquiatra para o dia seguinte. Mesmo assim, ainda fui trabalhar e, depois de 30 minutos dentro da minha empresa, a crise se agravou, e fui novamente para casa, onde dormi. Ao acordar, me senti muito cansado, exausto. O médico que me atendeu, me diagnosticou com depressão profunda e descobriu que também sofro de Síndrome do Pensamento Repetitivo, uma espécie de TOC (Transtorno Obsessivo-Compulsivo).

Refletindo sobre esse diagnóstico, ele fez sentido para mim. Eu sou intenso em tudo o que faço, desde os momentos de alegrias até as situações ruins, como a que eu estava vivendo. Percebi que o equilíbrio não havia feito parte da minha vida até então. Essa intensidade das minhas emoções me levou ao topo, mas também a abismos. Mesmo pedindo nas minhas orações para alcançar um equilíbrio na minha vida, eu ainda não havia conseguido. Nesse mesmo dia da consulta com o psiquiatra, ele — a quem sou muito grato — me disse algo muito marcante. Ele me disse que, naquele momento, eu estava pronto para tudo, matar ou morrer, comprar ou vender, me casar ou me separar. Era 8 ou 80. De fato, eu seria capaz de tudo, inclusive de acabar com a minha vida — um desejo forte de suicídio realmente estava me dominando. É estranho, pois eu percebi que esse desejo já havia passado pela minha cabeça diversas vezes, em situações menos graves, mas nunca fui capaz de externalizá-lo porque pensava ser algo bobo.

A partir desse dia, então, iniciei o tratamento dessa depressão. Rapidamente, aquela dor que eu sentia foi embora, e, com ela, as minhas emoções também. Passei a ser frio comigo mesmo, com a Fabiana, minha esposa; passei a ser indiferente às pessoas. Esse era o efeito da medicação em mim.

Depois de um mês de tratamento, lembrei que um sócio e grande amigo meu, o Vinicius Silvestrini, tinha me dito que estava estudando uma filosofia chamada estoicismo e que estava fazendo bem para ele. Eu o admirava por ser como era, apesar de, às vezes, considerá-lo um pouco conservador. Hoje, percebo que ele sempre foi um homem muito equilibrado e racional, diferente de mim. Como eu disse, sempre fui impulsivo e essa característica me levou a colher ótimos frutos em um curto espaço de tempo. Hoje, no entanto, vejo que o equilíbrio e a racionalidade do meu amigo vão levá-lo muito mais longe. Ao me lembrar de Vinícius e do que ele me disse, comprei o meu primeiro livro sobre o estoicismo e me apaixonei.

Essa filosofia me mostrou que, além da visão cristã, que faz parte da minha vida e do meu caráter, há também uma maneira racional de pensar e viver. Logo, me dei conta de que tudo o que está fora do meu controle também não deve receber a minha preocupação. Conheci as quatro virtudes: sabedoria, coragem, temperança e justiça, e que, se eu buscar desenvolvê-las, alcançarei uma vida mais feliz. Percebi a importância de viver conforme a natureza que, de acordo com o estoicismo, está relacionada à racionalidade.

A relação desses ensinamentos, que hoje busco aplicar e viver, faz todo sentido quando penso que falo neste livro para diversos vendedores que convivem com o medo do "não" e com as oscilações do mercado e que, muitas vezes, não sabem como agir diante das dificuldades e do modo incontrolável do trabalho e da vida.

Conversando com o Vinicius — o amigo e sócio que me apresentou a filosofia estoica — ele me disse o quanto ela tem sido boa para ele, como um exercício diário de equilíbrio e racionalidade. Mais do que isso, como empreendedor, ele percebe o quanto ela faria sentido e me ajudaria no meu trabalho. O estoicismo motiva a todos a aceitarem o seu destino, não passivamente, mas agindo apenas sobre o que é controlável. Esse foi mais um motivo que levou o Vinicius a considerar tão importante falar disso comigo.

Se não fosse por esse olhar carinhoso e atento do meu amigo, talvez eu demorasse muito para encontrar a filosofia estoica, ou, quem sabe, não fosse conhecê-la de maneira alguma. Foi nesse momento perfeito que o Vinicius, mais uma vez, foi um verdadeiro parceiro de vida. Agradeço imensamente a ele por ter tido sensibilidade de perceber que eu precisava conhecer o estoicismo. Sem ele, este livro não seria pensado por mim, sem ele, este livro não chegaria até você.

As mudanças que tenho experimentado dia a dia devido a esses novos conhecimentos que a filosofia estoica me trouxe são visíveis. Minha esposa, Fabiana, percebe, a cada dia, como tenho me tornado mais racional, parando para analisar situações, algo que, segundo ela, antes eu não fazia. Ela sabe das minhas dores, compartilha comigo a vida todos os dias, sabe como um empreendedor/vendedor sofre diversas pressões diariamente. Ela enxerga a importância do estoicismo, tanto no meu trabalho quanto nas outras áreas da minha vida. A ela também agradeço por ser uma grande parceira em todos os momentos, me acolhendo, me amparando e me incentivando.

Diante do que tenho buscado praticar e da minha experiência, foi que pensei nessa relação entre vendas e estoicismo. Vendedores ouvem tantos "nãos" e precisam refletir e analisar seus passos anteriores antes de seguir, mas sem desanimar ou desistir. As frustrações, os medos, as inseguranças fazem parte da vida de vendedores, mas, a partir de um novo olhar, a partir de um olhar estoico sobre as situações e sobre a vida, é possível lidar com tudo isso de maneira racional. Cada dia precisa ser uma nova oportunidade de conquistar novas vendas, de dar passos em direção aos nossos objetivos, ainda que as circunstâncias nem sempre sejam as ideais. Sei e acredito que, pelo que vivo, para um vendedor, há surpresas todos os dias, e saber lidar com elas é essencial para seguir em frente.

Além da Fabiana e do Vinicius, outro sócio e um dos meus melhores amigos, Elinaldo Albertini, também acompanhou o processo de descoberta da depressão e da Síndrome do Pensamento Repetitivo. Ele me disse que, depois que comecei a estudar o estoicismo, pareço mais "protegido" para lidar com as questões que se apresentam. É como se essa nova visão tivesse me fortalecido em diversos aspectos e que isso tem se mostrado nítido no meu comportamento.

Sobre este livro, a relação que ele faz entre mim, Rafael, o estoicismo e as vendas, é de que a minha visão de tudo tem mudado. Consequentemente, por meio desses ensinamentos, os vendedores que os aplicarem também estarão mais protegidos, para se ferirem menos em processos de vendas e terem mais bem-estar em suas vidas, além de mais longevidade neste caminho profissional cheio de obstáculos que precisam ser vencidos cotidianamente.

Bem, apesar de o título deste livro ser *O Vendedor Estoico* e ter como foco as técnicas de vendas sob o olhar do estoicismo, como ficou claro, é impossível dissociar o que será apresentado da minha história de vida e das mudanças pelas quais tenho passado. Como parte desse meu caminho, com a descoberta da depressão, além do tratamento com meu psiquiatra que já citei, também busquei ajuda de uma psicóloga, a Tainá, e ela relata a preocupação que teve na minha primeira sessão. A descrição do precipício, do abismo, era muito forte. Eu queria acabar com o meu sofrimento, com a dor que havia tomado conta de mim.

Para ela, o fato de eu ter encontrado e me encontrado no estoicismo foi fundamental para eu reconhecer o meu propósito de vida, como uma luz a ser seguida. Por meio desse reencontro com meu propósito, eu pude reconstruir a minha autoestima e mudar a visão das situações que me atormentavam e me tiravam a vontade de permanecer vivo. É claro, foi e é um processo que exige paciência comigo mesmo, porque eu vivo de altos e baixos, porém, como um mar em movimento, estou superando muitas coisas. Minha intenção de trazer essa visão da minha psicóloga sobre o meu processo é de mostrar que, apesar de toda a força que pretendo trazer com este livro para a sua atuação como vendedor, o acompanhamento terapêutico foi fundamental para mim e é fundamental para relembrar que, às vezes, não conseguimos resolver algumas questões sem essa ajuda profissional.

Venci demônios que tomaram conta de mim nesse precipício no qual me encontrei. As fugas de mim mesmo e dos problemas fizeram com que eu não me reconhecesse mais. Hoje, com um olhar estoico sobre a vida e com o acompanhamento terapêutico, tenho aprendido a cuidar do que posso controlar como ajo sobre as minhas emoções, para não deixar que elas me dominem e para que eu não vá para um caminho que não é o meu. Essa vitória é também uma liberdade, que tenho buscado sem peso. Cada passo que tenho dado é baseado na minha vontade de viver, não mais na vontade de acabar com tudo e pular no precipício.

Do precipício no qual me via, me tornei um apaixonado pela vida, refletindo todos os dias sobre o porquê dos momentos em que me sentia mal, levando isso para compartilhar com a minha psicóloga, e não desistindo de mim. É engraçado pensar que, nesse processo, tenho tido oportunidade de experimentar e testar os aprendizados na prática. Por exemplo, um episódio que vivi há pouco tempo, um voo em que eu estava e que iria de Curitiba a Maringá, contudo, por questões meteorológicas, não pôde pousar e ficou sobrevoando a cidade por 30 minutos. Depois, precisou retornar a Curitiba e pegamos outro voo mais tarde. Deu tudo certo, cheguei a Maringá e fui para o meu compromisso.

No entanto, durante o voo e o inesperado com que me deparei, vi as pessoas ao meu lado nervosas e consegui ter uma visão de paz sobre a situação, aceitando — como aconselha a filosofia estoica — o que não estava no meu controle e a não me preocupar com o que poderia acontecer, pois sentia que havia feito tudo o que precisava fazer. Naquele momento, não me desesperei, não fiquei ansioso, apenas aceitei a situação. Isso me mostra como tenho aprendido e transformado o meu olhar e minhas atitudes diante de situações que, anteriormente, me causariam angústia e ansiedade.

Em se tratando de vendas, nos treinamentos que ofereço, coloco essas ideias em prática também e penso que elas se relacionam diretamente a essa situação que narrei do meu voo. Se um vendedor se preocupa só em vender, ele deixa de lado o que está no controle dele, que são as técnicas que ele aprendeu para conquistar um cliente e, consequentemente, vender. E, então, passa a pensar e agir apenas pensando no seu objetivo, que não pode ser controlado. Afinal, a decisão da compra é do cliente e não do vendedor. Esse comportamento pode causar angústia e ansiedade em muitos vendedores. Por isso, meu foco aqui é, através da minha experiência vivida todos os dias, ajudar vendedores a terem um olhar estoico sobre seu trabalho, e assim se livrarem de sentimentos gerados a partir de situações incontroláveis.

Com essa apresentação sobre o meu encontro com o estoicismo e com o reencontro que tive comigo, espero que você, como vendedor e como ser humano, se sinta motivado a colocar em prática o que será abordado em cada capítulo, para que não só suas vendas cresçam, mas que toda a sua vida possa ser mais feliz e virtuosa, como a filosofia estoica nos ensina.

*"A arte da vida é mais semelhante com a do lutador do que com a do dançarino; pois o lutador deve estar sempre em guarda e permanecer firme contra os esforços repentinos e os imprevistos de seu adversário."*

Marco Aurélio, *Meditações*, Livro VII, Parte 61.

# Mamá Brito

*"Um homem bom cumprirá seu dever sem transtornos ou medos, e cumprirá o dever de um homem bom, de modo a não fazer nada que seja indigno."*
Sêneca, *Sobre a Ira*, Livro I, 12.

Mamá Brito, as pessoas me consideram um homem de sucesso. É assim que sou conhecido atualmente, mas o início dessa história de vida não foi fácil. Os desafios começaram cedo. Minha família é de Vitória da Conquista, na Bahia. Na minha infância, morei com meus avós à beira da estrada Rio–Bahia, em frente a um esgoto a céu aberto, que, para um menino, isso se transformava em um parque aquático quando chovia. Nessa época, até 10 anos de idade mais ou menos, eu era um garoto estudioso, mas também participava de gangues e batia em outros garotos. A realidade não era fácil. Financeiramente, eram muitas dificuldades enfrentadas. Os recursos eram escassos e a perspectiva de mudança era quase inexistente. No entanto, mesmo diante desses obstáculos, eu sabia que meus avós e minha mãe faziam o que podiam, o que estava ao alcance deles.

Ainda sobre o passado, minha mãe sempre foi uma mulher independente e autossuficiente, que não aceitava ajuda das pessoas e que acreditava que poderia cuidar de tudo e de todos. Esse comportamento dela me influenciou a ser da mesma forma, o que afetou as minhas relações na minha fase de adolescência e parte da vida adulta. No entanto, nessa fase da vida, eu ainda me via como responsável por minha realidade, mas culpava as pessoas pelas situações desafiadoras ou quando algo não saía como eu esperava.

Essa forma de pensar me afastou de muitas pessoas, mas durante a minha evolução eu percebi que essas atitudes revelavam uma maneira de me proteger, que acabou se transformando em um isolamento. Esse isolamento me impedia de arriscar, de mudar, de me adaptar e de viver a vida de maneira saudável. Foi um processo longo para que eu compreendesse que não precisava me culpar por nada, mas que o caminho era me responsabilizar e reconhecer meus pontos fortes, valorizar as ideias e, muito importante, compartilhá-las com as pessoas, e também ouvi-las compartilhando as ideias delas.

Esse caminho de autoconhecimento e de transformação me fez ser quem sou hoje.

Cheguei aonde cheguei porque me abri para aprender e ser resiliente diante dos desafios que enfrentei. E tive o apoio de pessoas incríveis durante a jornada onde posso destacar o da minha esposa Clemilda que sempre esteve ao meu lado, obrigado, meu amor! Minhas conquistas refletem a capacidade que tenho de encarar obstáculos, resolver problemas, e realizar grandes feitos, como o Fight Music Show, que hoje é conhecido e prestigiado por milhares de pessoas.

A edição do Fight Music Show 4 foi um grande sucesso. Isso acontece por ser um evento que fura bolhas de quem apenas gosta de lutas, apresentadas em outros eventos. A grande audiência deste evento remete à minha origem e a uma ideia que coloquei em prática, com muito sucesso.

Eu sou primo dos lutadores, Minotauro e Minotouro, e apesar de ser formado em engenharia mecânica, passei boa parte da minha vida, cuidando da carreira dos meus primos. Eu gerenciava as academias Team Nogueira, quando elas surgiram, em diversas regiões do país, isso foi um excelente estágio para o meu desenvolvimento como empreendedor. Cheguei a organizar um evento de MMA em Vitória da Conquista, com a participação de Anderson Silva. Foi uma experiência traumática, porque ali eu percebia que os gastos eram muito maiores do que os ganhos, o que me faz pensar hoje, ironicamente, se olharmos para o sucesso do FMS, em não mais organizar eventos desse tipo.

Depois que Minotauro se aposentou, eu o acompanhei em um projeto que rodou o mundo gravando diversas modalidades de luta. Na gravação desse programa na Tailândia, fui a um evento que unia luta, música e pirofagia. Isso já foi um primeiro brilho aos meus olhos para fazer algo diferente e eu sabia que poderia realizar. Na mesma época, fui a Dubai, onde acontecia um outro evento, em que influencers digitais dos Emirados Árabes lutavam entre si. Um defeito que observei é que a escolha de quem lutaria não era bem pensada, o que levava as lutas a serem feias.

Na volta para o Brasil, a ideia de um evento parecido com o que havia conhecido não saía dos meus pensamentos. Eu sabia vender, estava próximo de lutadores de diversas modalidades e sabia como escolher as lutas da maneira adequada. Além disso, devido ao networking que tinha em muitos países, eu considerava importante um nome para o evento que permitisse seu crescimento ao redor do mundo. Assim, unindo amigos para fazer as contas para a realização do evento, comecei o planejamento para que acontecesse rapidamente. Junto a isso, havia um boato de um influencer e comediante brasileiro lutar contra um campeão mundial de boxe. Isso fez com que, em uma viagem ao Rio de Janeiro, eu e minha esposa fôssemos ao show do tal influencer e comediante Whindersson Nunes. Nessa conversa, Whindersson achou a ideia interessante, mas disse que precisaria que o evento acontecesse em, no máximo, 28 dias. A princípio, seriam necessários, pelo menos, 4 meses para realizar o projeto. Mesmo assim, abracei o desafio. E consegui, com muito trabalho e dedicação realizar a primeira edição do Fight Music Show.

Este primeiro evento foi a semente para os outros que vieram. Mesmo diante de julgamentos de que o primeiro FMS só foi um sucesso devido ao grande público e alcance de Whindersson Nunes, continuei e realizei a segunda edição em um estádio de futebol. Na terceira edição, o evento aconteceu em São Paulo no Clube Hebraica. Todos eles foram um grande sucesso. Um ponto importante é que há diversos eventos que acontecem entre as edições do Fight Music Show, que são uma forma de aquecer para o evento principal. E todos eles culminam nesta quarta edição, de sucesso estrondoso, com a luta entre Popó e Bambam no Fight Music Show 4.

Depois do sucesso do livro *Seja Visto e Lembrado*, eu e meu amigo Rafael Mendes, nos entregamos e fizemos uma junção da filosofia estoica e as técnicas de vendedores de alta performance, e sabemos que tem muito conhecimento prático nesse livro para que você VENDA, VENDA, mas realmente VENDA MUITO!

Agora é com você, nossa parte nós já fizemos!

# Apresentação

*"Se você mesmo não consegue, com o seu esforço, realizar algo, não pense que isso é impossível ao ser humano; se, entretanto, algo é possível ao ser humano e lhe é próprio, pense que isso também lhe é acessível."*

Marco Aurélio, *Meditações*, Livro VI, Parte 19.

Quando pensamos em "vendas" e "vendedores", ainda podemos ter uma imagem antiga da profissão, como se quem trabalhasse nessa área fossem pessoas que não tivessem outra escolha profissional na vida. Isso porque houve um tempo em que esse profissional, o "vendedor", era desvalorizado, a última opção, a profissão de quem não estudou e não teve outra alternativa.

Felizmente, hoje, essa visão mudou e um bom vendedor precisa desenvolver características importantes e levar a profissão a sério se quiser alcançar ótimos resultados. Então podemos dizer, sem dúvida, que vender é para profissionais! Isso porque o vendedor é o profissional que mais escuta "nãos" e, por isso, precisa se manter firme e forte para seguir buscando realizar seu trabalho todos os dias.

*"Você diz: 'Eu não consigo suportar isso: as feridas são difíceis de aguentar'. Você está mentindo, pois como pode alguém não ser capaz de aguentar uma injúria, mas aguentar o dano que a raiva lhe causa? Além disso, o que você pretende fazer é suportar tanto o dano da injúria quanto o dano da raiva."*

Sêneca, *Sobre a Ira*, Livro III, Parte 26.

É preciso, além de coragem, construir uma relação de confiança com as pessoas, para que elas escolham comprar o que você oferece, mesmo diante de tantas outras opções que o mercado oferece a elas. Para isso, é preciso manter o entusiasmo para apresentar produtos e serviços e ter paixão e motivação para transmitir esses sentimentos aos seus ouvintes e potenciais clientes. É preciso também ser otimista para olhar para frente e continuar, mesmo nos dias difíceis em que muitos "nãos" foram ouvidos. Esse otimismo mantém o vendedor em movimento para realizar a próxima venda, que pode transformar um dia ruim em um dia ótimo.

Portanto, é claro que, para desenvolver tantas habilidades, falar que existem "os que nasceram para ser vendedores" não faz sentido. Resiliência, atitude e estudo fazem, sim, um bom vendedor. Um vendedor que sabe que sua função é servir aos outros com excelência. Esse é o objetivo. Assim, para entender como trilhar um caminho para desenvolver todas as habilidades de um excelente vendedor, será apresentado a você o Estoicismo, a base que ajudará nesse processo e a relação dele com vendas e a profissão de vendedor.

A filosofia estoica tem ajudado muitos empreendedores e vendedores a mudarem o seu olhar sobre o mundo, afetando suas atitudes diariamente. É por isso que ela será utilizada também para ajudar você. Entre os filósofos estoicos, temos Sêneca que, por exemplo, traz reflexões sobre como utilizamos o nosso tempo, pois o desperdiçamos com situações que não valem a pena e temos a impressão de que esse tempo é mais curto do que o necessário. Nesse sentido, o problema seria quais são as prioridades de cada um para "gastar" o tempo, uma vez que as 24 horas de todos os dias estão disponíveis a todos. Além de Sêneca, Marco Aurélio, o imperador romano, e Epicteto, filósofo grego, são outros grandes nomes da filosofia estoica.

Um nome que trata da filosofia estoica aplicada a vendas, empreendedorismo e marketing é o escritor Ryan Holiday. Para começar a apresentar esse tema e como ele pode se aplicar na vida de quem trabalha com vendas, há três expressões importantes em latim que Ryan destaca e que trago a vocês.

## *Memento Mori, Premeditatio Malorum e Amor Fati*

*Memento Mori*, em português, poderia ser traduzido como "lembre-se de que você vai morrer". A ideia é pensar que, se a vida acaba, devemos considerar como estamos vivendo; como estamos aproveitando o nosso tempo; se estamos cuidando de nós, da nossa saúde; quais escolhas fazemos para que o momento presente seja bem aproveitado, para que a vida faça sentido enquanto estamos vivos. Aplicando isso aos negócios, vale pensar se estamos fazendo o melhor que podemos ou se somos submissos a regras e comportamentos que não nos levam a bons resultados.

*Premeditatio Malorum* relaciona-se à nossa capacidade de prever o que pode dar errado, sem sofrer quando algo de fato não acontece como gostaríamos. Aqui a questão não é ser pessimista, mas realista sobre o que pode acontecer de ruim, para, caso aconteça, isso não acabe com seu dia. Pensar com realismo tem como objetivo entender a realidade para pensar em soluções possíveis para resolver problemas e obstáculos que possam aparecer ao longo do caminho. Quem trabalha com vendas e que, como dissemos, escuta tantos "nãos", ter esse olhar e essa atitude é essencial. Estar preparado, premeditar o mal e antever soluções. É assim que as adversidades devem ser vivenciadas.

*Amor Fati* traz a ideia de "amor ao destino", de aceitar as situações como elas se apresentam. Podemos olhar como um complemento para o que falamos anteriormente sobre *Premeditatio Malorum*. Premeditar o que pode dar errado e aceitar como as situações são, não se lamentar.

É um olhar sobre as mudanças que acontecem constantemente na vida, na natureza com aceitação, adaptando-se a elas, sem brigar com realidades que podem, a princípio, não serem as que você esperava viver ou enfrentar, ou aparentemente as mais favoráveis para o que você havia planejado.

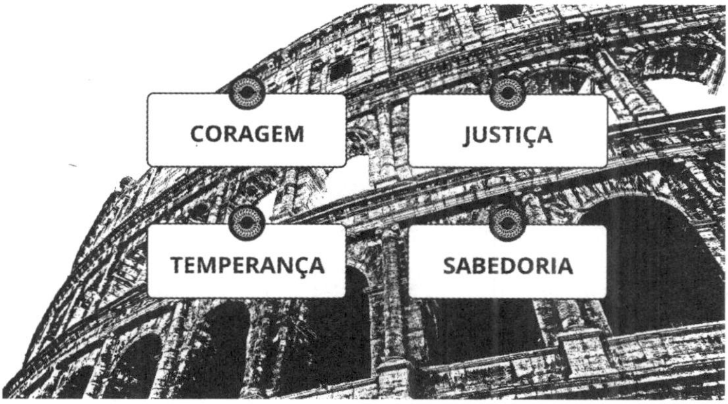


**Figura 1** • Quatro virtudes cardeais do estoicismo.

Como já citamos, a força que vendedores precisam ter para se manterem motivados para seguir em frente, mesmo diante dos "nãos", traremos, além das reflexões sobre as expressões *Memento Mori*, *Premeditatio Malorum* e

*Amor Fati*, virtudes cardeais estoicas importantes que vendedores e empreendedores devem exercitar em seu dia a dia.

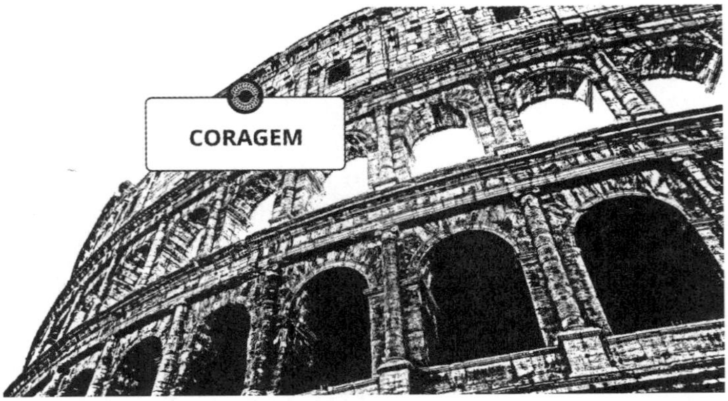


**Figura 2** • Virtude da coragem.

A primeira virtude que apresentamos é a coragem. Ela se apresenta como necessária em situações diversas. Se você é tímido, é preciso coragem para entrar em contato com possíveis clientes. Se você precisa de ajuda, é preciso coragem para expressar suas necessidades. A coragem não exclui o receio de ouvir um "não" de um possível cliente, no entanto, se colocada em prática, pode transformar "nãos" em "sins", e um "sim" pode ser o início de uma relação próspera e duradoura, seja com um cliente, um sócio ou uma parceria de vendas.

**Figura 3** • Virtude da justiça.

A segunda virtude que o estoicismo traz é a justiça. Para Marco Aurélio, que foi imperador romano e estoico, a justiça é "a fonte de todas as outras virtudes". Ela se relaciona a fazer o que é certo, o que se acredita para o seu bem e o bem coletivo. Para alcançar grandes coisas, é preciso coragem, mas sem perder o olhar sobre o que é justo.

Figura 4 • Virtude da temperança.

Depois da justiça, considere a temperança, que se relaciona ao equilíbrio para que a coragem não o leve a ser imprudente em suas escolhas e acabe em situações que podem ser desastrosas ao seu negócio e às suas vendas. Então é preciso ponderar escolhas, considerar possibilidades, equilibrar expectativas. Essa é a virtude da temperança.

Figura 5 • Virtude da sabedoria.

Por fim, a sabedoria. Ela é alcançada por pessoas que consideram as experiências vividas, inclusive os erros cometidos, e aprendem com elas, para saberem dar o próximo passo. Em vendas, sabe-se que muitas coisas podem dar errado ao longo do caminho, seja pela falta ou excesso de coragem, pela falta de temperança ou por escorregões e injustiças cometidas. Sabendo considerar todas essas experiências, aprendendo com elas, alcança-se a sabedoria. Há sempre algo a ser aprendido, melhorado, lapidado, e só com essa virtude em vista isso é possível.

Pode parecer que esta breve apresentação sobre o estoicismo não se relacione à vida e à rotina de vendedores e empreendedores, mas há muitos grandes empresários que aplicam essa filosofia aos seus negócios. Sendo assim, o comportamento proposto pela filosofia estoica visa alcançar melhores resultados com o esforço inteligente, especialmente considerando ambientes estressantes e rotinas exaustivas, como é o caso de quem trabalha com vendas ou é dono de um negócio. Portanto, é uma mentalidade que deve fazer parte do seu repertório.

Alguns comportamentos relacionados às expressões e virtudes que comentamos são essenciais para formar um vendedor e empreendedor de sucesso. Falaremos desses comportamentos rapidamente para que você entenda como tudo o que foi apresentado até agora está relacionado entre si e também com a vida de quem trabalha com vendas.

Como, por exemplo, a humildade. Sim, a capacidade de saber que sempre há algo novo a ser aprendido, andando junto com as virtudes de que acabamos de tratar. Epicteto nos diz: "Jogue fora suas opiniões vaidosas, pois é impossível para uma pessoa começar a aprender o que ela pensa que já sabe". Isto é, quem se coloca como aprendiz no mundo dos negócios se abre para aprender constantemente e evoluir com sabedoria. Empreendedores de sucesso sabem que todos podem ensinar algo, e o aprendizado só vem para quem está aberto para feedbacks constantes.

Permanecer perto das pessoas certas, ou seja, cercar-se de pessoas que impulsionam você a uma melhora constante. É como diz o ditado, "diga-me com quem andas e te direi quem tu és". Nos negócios e na vida, nossas companhias devem, sim, ser muito bem escolhidas para que as trocas e os resultados sejam os melhores possíveis. Isso não tem a ver com elitismo, e sim com uma análise criteriosa sobre quem queremos nos tornar, para estarmos perto de quem construa conosco esse caminho.

Também se deve cuidar do seu tempo. Já falamos sobre a afirmação de Sêneca a respeito do tempo e voltamos a isso, especialmente nos dias de hoje, em que as distrações são tantas: redes sociais, apps e notificações constantes. É preciso estar atento com a maneira que utilizamos o nosso tempo. Quando falamos de vendas, o foco e a organização do seu tempo precisam ser prioridade. Do contrário, um dia, uma semana, um mês, podem ser perdidos sem vendas, e isso pode trazer consequências negativas ao seu negócio. O nosso tempo está diretamente relacionado aos nossos ganhos e perdas, inclusive, os financeiros, emocionais e mentais, porém nem sempre nos atentamos a isso. Lembre-se da expressão *Memento Mori*, que citamos, e cuide para que seu tempo seja bem aproveitado.

E não se deve agir no piloto automático. Assim como é importante ser humilde para aprender, é preciso estar atento para não nos acomodarmos, fazermos tudo sempre do mesmo jeito. Há novas técnicas de vendas? Por que preciso fazer tudo como sempre fiz? Os resultados são bons? Mas não podem ser melhores se eu fizer alguns ajustes?

E também viver com o que faz sentido para você. O que isso tem a ver com vendas e negócios? Tudo. É importante se manter fiel aos seus valores e princípios, e não se deixar influenciar por comportamentos que nos dizem que temos que ter muito e tudo. Alcançar o sucesso nos negócios e ganhar dinheiro pode deslumbrar muitas pessoas a comprarem porque "podem comprar", mas é preciso sempre refletir sobre o que de fato é necessário para além do que o dinheiro pode trazer. Afinal, pensando dessa maneira, mesmo que algo dê errado, mesmo que as vendas caiam, o que importa para você será preservado. Além disso, se você considera limitar as aquisições materiais, também aprende a pensar em uma possível realidade não tão próspera. Relembrando o *Premeditatio Malorum*, se pensarmos no que pode dar errado, agiremos com mais temperança, com mais equilíbrio, sempre considerando mudanças e ajustes que precisam ser feitos, seja nos negócios ou na vida.

Esse olhar sobre a vida afeta a maneira como vivemos e nos torna livres, e não submissos a ganhos que podem cair. Um olhar livre e comportamentos cuidadosos são fundamentais. Assim, é possível colocar em prática tudo o que apresentamos brevemente até aqui, desde a lembrança de que vamos morrer, de que tudo pode dar errado e precisamos aceitar as situações como esses contratempos se apresentam, até as virtudes e atitudes que empreendedores de sucesso vêm colocando em prática em seus negócios e em suas vidas.

Para finalizar esta apresentação sobre o tema deste livro, trazemos novamente Ryan Holiday, escritor americano que trabalha com marketing e procura aplicar a filosofia estoica em sua vida e em seus negócios. Para ele, o centro dos pensamentos e ideias apresentados é a quietude. Seja para pensar na finitude das coisas, no que pode dar errado, em como usamos o nosso tempo ou no equilíbrio necessário para agir e tomar decisões, a quietude nos traz para perto de nós mesmos, para o presente, e nos torna livres. Essa quietude que traz liberdade afeta como nos relacionamos com tudo à nossa volta, nos levando a focar o que precisa ser feito e o que realmente importa ser feito para que nossos objetivos sejam alcançados nas vendas, nos empreendimentos e, consequentemente, em nossas vidas.

Voltando ao início do que tratamos, ainda que antigamente vendedores fossem vistos como pessoas sem opções, fica claro como as opções são variadas. Ao mesmo tempo, para ser um vendedor que coloque em prática a resiliência, a força, a motivação e a paixão, é preciso olhar para o que tem prendido cada um de nós a padrões de comportamento que nos fazem reféns de um mundo do qual fazemos parte, mas que não precisa dominar nossas escolhas diárias. É para isso que este livro existe, para despertar um olhar sobre o que não está sendo visto na vida prática de vendedores e empreendedores.

*"Você possui a razão? 'Sim, possuo'.*
*Então por que não a usa? Pois se ela desempenhar*
*seu próprio ofício por si só, do que mais você precisará?"*
Marco Aurélio, *Meditações*, Livro IV, Parte 13.

# Introdução

Sabe aquele medo de abordar o cliente? Melhor, vou listar só 25 traumas comuns no dia a dia de um vendedor:

1. Me sinto esteticamente desfavorável para estar na frente de um cliente.
2. Quero ficar nesta profissão em vendas até ter uma oportunidade na minha área, afinal isso aqui não é para mim.
3. Sou muito tímido para ser vendedor, meu colega de trabalho vende mais porque é mais extrovertido do que eu.
4. Não vou conseguir aquela vaga de gestor, pois meus números em vendas não são os melhores.
5. O dono da empresa só prioriza os "amiguinhos" dele, tenho certeza de que eu vou ficar de lado.
6. Não sei fazer as perguntas corretas para o cliente.
7. Não sei identificar os sinais (verbais e não verbais) do meu cliente.
8. Escuto pouco, falo muito (escuto, mas não entendo).
9. Não sou influente.
10. Sofro com o "não".
11. Não consigo vender porque outros departamentos não me ajudam.
12. Não sei fazer gestão de tempo e organização da minha rotina de vendas.
13. Não sei controlar as emoções na hora da venda.
14. Envio proposta, mas não a fecho.
15. Não sei contornar objeções.
16. Não tenho domínio técnico sobre o produto/serviço.
17. Não sei me vender (como um especialista).
18. Me sinto envergonhado de gravar vídeos nas redes sociais.
19. Estou muito velho para falar com esta nova geração.

20. Tenho medo de me sentir rejeitado pelo gestor comercial.
21. Se eu não vender e não trouxer os recursos financeiros para casa, serei abandonado pelo meu(minha) companheiro(a).
22. Se eu for demitido, o que vou fazer? O fracasso pode bater na minha porta.
23. Este novo gestor de vendas vai me pressionar a ponto de eu ter que pedir demissão.
24. Se esta crise econômica não passar, vou ser demitido por não estar vendendo.
25. Tenho vergonha de voltar para casa sem ter vendido nada hoje.

Os estoicos resolveram esses medos há mais de 2 mil anos! Para saber um pouco mais sobre o surgimento da filosofia estoica, traçaremos um panorama de seus pensadores, desde o início. Homens que olharam para o mundo de uma forma diferente e revolucionaram comportamentos e hábitos. Homens que influenciaram seu tempo e deixaram seu legado para que, hoje, nós possamos continuar colocando em prática seus ensinamentos e formas de ver e viver a vida.

Apesar de ser uma filosofia muito popular atualmente, sua origem foi no século 3 a.C. e sua aplicação mais intensa durou até o século 2 d.C. Ela teve início na Grécia, com Zenão e seu discípulo Cleantes, passando por três fases mais marcantes. Depois desse primeiro período, na Grécia, o estoicismo chegou a Roma, com destaque para Panécio e Posidônio. Por fim, há uma terceira fase, mais conhecida por meio de nomes, como Sêneca, Epicteto e o imperador romano Marco Aurélio.

Sobre as duas primeiras fases, os registros são mais escassos, existem mais comentários do que documentos originais, já que estes se perderam ao longo do tempo. A terceira e mais recente fase é que se tem mais conhecimento, afinal, seus documentos chegaram a nós de maneira mais completa. Apesar das pequenas modificações que a filosofia estoica sofreu naturalmente com o passar do tempo, ela se baseia em uma mesma ideia central: ***de saber lidar com os obstáculos e dificuldades da vida, passando por isso sem perder o ânimo e sem abaixar a cabeça, seguindo em frente e aprendendo com cada erro ou barreira.***

Nesse sentido, o que o estoicismo propõe é que, para as pessoas chegarem a essa maneira de lidar com a vida e com o que ela apresenta, devem viver o máximo possível de acordo com a natureza e com o cosmos. E, para isso, é preciso um olhar para nós, seres humanos, como parte desse cosmos, e não como algo separado dele. A partir desse olhar, é também necessário, segundo o pensamento estoico, que o homem viva em consonância com a sua **natureza racional**. Ou seja, para os estoicos, as pessoas são essencialmente a sua capacidade de pensar. Nós somos essencialmente a nossa razão. Isso quer dizer que, além de agir, somos capazes de pensar sobre o que fazemos e refletir sobre a nossa vida. A partir dessa reflexão é que cada um de nós será capaz de construir uma vida considerada boa.

Olhando para a filosofia e o que podemos absorver dela de uma maneira mais didática, podemos dividi-la em três áreas. No entanto há que se pensar que essa divisão serve apenas para compreendermos melhor o estoicismo, já que, na prática, elas estão correlacionadas o tempo todo em nossas vidas.

Essas três áreas que nos servem para entender melhor o estoicismo são a lógica, a física e a ética.

A lógica é a teoria do conhecimento, ou seja, a capacidade humana de conhecer as coisas e de tomar também consciência desse conhecimento. Nesse caminho, os estoicos afirmam que chegamos ao conhecimento por meio das nossas experiências. Ainda que possamos ter uma ideia básica e superficial sobre alguns assuntos, é pela vivência que chegamos ao real conhecimento delas de maneira mais profunda. A cada experiência, por menor que seja, vamos criando representações e, a partir delas, juízos de valor para tomar decisões diante das mais diversas situações que se apresentarem.

Em relação à física, ela é o estudo sobre a natureza e o cosmos. Para os estoicos, todas as coisas são materiais, inclusive, o que chamamos de nossa alma, passando pelas pedras, pelos animais, os planetas e por tudo o que está disponível para nós no mundo. Por meio desse olhar tudo é uma criação da providência, também chamada de destino, razão ou, para outros, Deus. Há, portanto, uma ação maior que age e molda a matéria para que ela se torne todas as coisas, começando pelos quatros elementos, até chegar a tudo o que existe no mundo. Como criação a partir da mesma matéria, tudo é perpassado por essa razão, desde seres inanimados até nós, humanos, cada um com a sua função na natureza. Sob esse olhar, nós somos os seres capazes de racionalizar e pensar sobre o que vivemos e sobre tudo o que há no mundo.

Sobre a ética, a questão gira em torno de uma vida virtuosa que, segundo esse pensamento, é uma vida feliz. A ideia então é aprender a lidar com as representações de que falamos para explicar a lógica estoica, para não sermos seduzidos por elas, uma vez que, no mundo, precisamos refletir para buscar escolher quais ações vamos tomar para vivermos bem a nossa vida, não as representações de vida com que somos bombardeados a todo tempo.

A partir desse entendimento sobre lógica, física e ética estoicas, voltemos aos pensadores que iniciaram a filosofia estoica e seus ensinamentos, citando somente alguns. Começaremos por Zenão de Cítio.

## Zenão de Cítio

> *"Uma natureza nobre, quando recebe até mesmo um ligeiro grau de instrução, e também encontra aqueles que a ensinarão abundantemente, prossegue sem dificuldade para uma perfeita obtenção da virtude."*
>
> Zenão, citado por Diógenes Laércio, *As vidas e opiniões de filósofos eminentes*. Livro VII, 1, 8.

Zenão nasceu na ilha de Chipre e viveu entre os anos de 333 a.C. a 263 a.C. Ele tinha hábitos de vida simples, mas sabia aproveitar quando um banquete se apresentava para ele. Foi um homem que estudou com os livros que seu pai trazia de suas viagens. A partir daí, aprofundou-se nos ensinamentos de Sócrates, tornando-se um apaixonado e estudioso da filosofia. Em sua vida, Zenão passou por um naufrágio, que o levou a conhecer Crates, um filósofo, que o ajudou a conhecer mais sobre Sócrates.

Essa experiência, que poderia ser vista como uma tragédia, mostrou-se um presente para ele. E foi esse olhar que ele teve, já demonstrando um ensinamento do estoicismo de viver bem a vida da maneira com que as situações se apresentam e sobre as quais ele não tem controle. Viveu, assim, como discípulo de Crates por alguns anos, até fundar a primeira escola de filosofia estoica, onde ministrava aulas. Entre suas publicações, estão livros sobre lógica, física, ética e também sua obra mais famosa, *República de Zenão*. Apesar de sua importância para o estoicismo, seus escritos se perderam, desse modo, seus ensinamentos permanecem vivos até hoje devido a outros estudiosos, que disseminaram o que ele escreveu, como a disciplina, o autocontrole, a habilidade de ouvir mais do que falar e a humildade para aprender novos ensinamentos.

## Cleantes de Assos

Cleantes de Assos (330 a.C.) era conhecido como "o apóstolo" e nasceu na cidade onde Aristóteles havia fundado a sua primeira escola. Ele se mudou para Atenas, na Grécia, onde exerceu diversas funções profissionais. Em sua vida, procurava economizar o dinheiro que recebia por seus trabalhos. Dessa forma, em determinado momento, pôde acompanhar Zenão, seu mestre. Seu modo de vida simples, sem luxos, suscitou questionamentos das pessoas na época. No entanto, ele preferia não esbanjar o que ganhava. Era o seu modo de viver, que revelava um olhar estoico sobre a vida, assim ele podia investir seu tempo para aprender.

Mesmo gostando de estudar, ele não se privou de trabalhar, porque via o trabalho como importante para o desenvolvimento do caráter e da excelência. Cleantes foi aluno de Zenão por 19 anos, quando seu mestre faleceu — mesmo sendo apenas 4 anos mais velho que seu discípulo, que ainda viveu por muitos anos para transmitir tudo o que aprendeu.

Apesar de ter apreço pelos estudos, ele demorava mais do que outros alunos para aprender, sendo, inclusive, ridicularizado por isso. Nem assim ele desistiu, demorava a aprender, mas, quando aprendia, demonstrava solidez de conhecimentos. É uma pena que as obras que ele escreveu se perderam. Era um homem sábio, que morreu com 100 anos e colocava em prática o silêncio (ouvir mais do que falar) e os aprendizados diante das dificuldades da vida.

## Panécio de Rodes

Panécio de Rodes foi diretor da escola estoica, a Estoa, em Atenas. Depois, para acompanhar a expansão do Império Romano, mudou-se para Roma. Essa mudança foi importante para que ele disseminasse o estoicismo entre os romanos.

No fim de sua vida, ele retornou à Grécia, onde viveu até a sua morte. Ele é conhecido como representante do estoicismo médio e, por propor algumas mudanças na visão rígida da ética estoica. Infelizmente, também há poucos fragmentos de sua obra.

## Epicteto

*"Não se exalte com nenhuma qualidade que não seja a sua. Se um cavalo fosse exultante e dissesse: 'Eu sou bonito', poderia ser tolerável. Mas quando você é exultante e diz: 'Eu tenho um cavalo bonito', saiba que você está exaltando apenas o mérito do cavalo. Então, qual é o seu mérito?"*

Epicteto, *Encheiridion*, 6.

Falaremos agora de um grande nome estoico, Epicteto, que era um escravo, e foi levado para Roma, onde assistia a aulas de estoicismo com o seu "senhor", com a ideia de que, apesar da privação física de liberdade, sua mente poderia ser livre. Depois, já completamente livre, quando já não era mais escravo, foi para a Grécia, onde abriu uma escola estoica. Lá, seus ensinamentos foram registrados por um discípulo, cujos escritos chegaram, felizmente, ao nosso conhecimento.

Para Epicteto (ou Epíteto), autor de *A arte de viver*, a liberdade é verdadeiramente alcançada quando paramos de nos preocupar com o que está fora do nosso controle. Sua vida foi um exemplo disso, uma vez que ele não deixou de estudar, aproveitando-se das aulas que seu dono acompanhava e, assim, aprendendo e, posteriormente, libertando sua mente e seu corpo da escravidão a que era submetido. Não se trata de ser passivo diante da vida, mas de não brigar com o que está além do que é possível resolver e aceitar o que está ao nosso alcance em cada momento que se apresenta.

## Sêneca

*"Para onde você olha? Qual o objetivo você visa? Todas as coisas que ainda estão por vir estão na incerteza; viva imediatamente!"*

Sêneca, *Sobre a brevidade da vida*, IX.

Sêneca foi outro filósofo estoico muito relevante, que viveu até o ano 65 d.C. Nascido em Córdoba, na Espanha, foi posteriormente para Roma estudar Retórica e Filosofia, que ele defendia como arte de vida. Sua obra *Sobre a brevidade da vida* é uma das mais famosas e reúne cartas que ele enviou a um amigo com reflexões acerca de diversas áreas da vida. Todas elas versam sobre o uso equivocado que, muitas vezes, fazemos do nosso tempo, porque nos esquecemos de que esse tempo é limitado, afinal, a vida tem seu fim, e como a vivemos importa muito.

Dessa forma, esse livro serve como um conjunto de conselhos para que vivamos e aproveitemos nossas vidas da melhor maneira possível. Apesar de ser uma obra tão antiga, ela faz muito sentido atualmente, em que vivemos uma rotina acelerada, com tantas distrações, como as redes sociais, por exemplo, que nos roubam do que realmente é importante tanto na nossa vida pessoal, como o tempo de qualidade com quem amamos, quanto na nossa vida profissional, como o tempo que poderíamos utilizar para ler, estudar ou entregar melhores resultados, seja como vendedores ou empreendedores.

A partir desse ponto que Sêneca nos traz, percebemos que os avanços tecnológicos e sociais são bons para quem sabe aproveitar o seu tempo para usufruir deles com sabedoria, parando para refletir sobre o que, de fato, nos levará à vida virtuosa de que falamos anteriormente. Nesse sentido, não há pouco tempo, nós é que corremos o risco de não saber administrá-lo da melhor maneira, em consonância com nossos objetivos de vida e os nossos objetivos de vendas no âmbito profissional. Sobre isso, é bom nos lembrarmos de que, tantas vezes, não emprestamos dinheiro a qualquer um, pois não queremos ter prejuízo.

No entanto gastamos nosso tempo, algo que não podemos recuperar, com tantas atividades infrutíferas. Enquanto um dinheiro perdido pode ser recuperado, nosso tempo, depois de perdido, não volta mais. Esse é um grande ensinamento de Sêneca que pode ser aplicado em muitos momentos e em tantas áreas da vida, e deve ser levado como um mantra sempre: "Não importa se o tempo livre é pouco ou muito, o que importa é saber utilizá-lo".

## Marco Aurélio

> *"Não faça mais discursos sobre como um homem bom deve ser; mas seja um."*
>
> Marco Aurélio, *Meditações*, Livro X, Parte 16.

O último estoico de que falaremos é Marco Aurélio, imperador romano, que viveu entre os anos 121 d.C. e 180 d.C. Ele nasceu em Roma em uma família importante e rica, ou seja, poder e riqueza sempre estiveram presentes em sua vida. Ainda jovem, recebeu uma educação humanística de mestres gregos e, aos 11 anos, conhecendo o estoicismo, adotou uma vida de acordo com esses ensinamentos. Já como imperador, ele personificou o sonho de Platão. Em seu reinado, ele enfrentou a oposição dos cristãos, que, segundo a crença da época, desonravam os deuses do Estado.

Ainda assim, ele é considerado um líder justo e um ótimo administrador. Durante o seu reinado, Marco Aurélio escrevia suas reflexões, como o famoso livro *Meditações* — atualmente uma das mais importantes obras da filosofia estoica. Essas reflexões tratam do cosmos e da fragilidade da glória e da vida. Para ele, o ideal é a vida em harmonia com a natureza e a aceitação de suas leis, conceitos já apresentados, que revelam os ensinamentos do estoicismo.

Além disso, ele também cita a importância de controlar as emoções. Esse controle, segundo ele, libertaria o homem das dores e dos prazeres no mundo material. Isso nos remete à ideia de Epicteto sobre aceitar o que não está sob o nosso controle; outro ensinamento estoico importante, que se relaciona à aceitação do destino, o *Amor Fati*. Por isso, para os estoicos, como se vê, o estoicismo é mais do que filosofia, e sim um modo de vida, tendo Marco Aurélio como um último nome importante do estoicismo romano.

Como afirmado no início, o estoicismo tem se tornado popular atualmente, mas sua origem, como demonstrado, é muito antiga. Apesar disso, os pensamentos e ensinamentos estoicos fazem sentido e podem ser colocados em prática nos dias de hoje.

Dessa maneira, em conclusão a esta introdução ao estoicismo e ponto de partida deste livro, *O Vendedor Estoico*, citaremos nos próximos capítulos algumas frases de Marco Aurélio e dos mestres da filosofia estoica, principalmente, os mestres romanos, que demonstram o olhar que será abordado para relacionar essa filosofia e esse modo de vida à realidade do mundo das vendas de hoje.

Muitos vendedores e empreendedores têm receio de ligar para seus clientes e oferecer seus produtos e serviços. Perdem tempo pensando na concorrência ou no governo. Há pessoas que realmente "travam", adiam ligações, e-mails ou mensagens justamente para os potenciais clientes que precisam/desejam seus produtos. E isso faz com que *muitas oportunidades de venda sejam perdidas*.

Como evitar esse problema? O estoicismo é uma escola de filosofia prática que ensina como viver uma boa vida ao focar aquilo que é possível controlar. As ideias estoicas ajudam a reduzir a ansiedade, o estresse e a lidar com a insegurança e outros sentimentos negativos. Seus praticantes prezam por manter a mente calma e racional independentemente do que aconteça.

Agora, você pode escolher dar o próximo passo desta jornada de autoconhecimento acompanhado por nós, os autores deste livro, de forma organizada e prática, com o objetivo de se tornar um "Vendedor Estoico", por meio dessa filosofia que ajuda milhares de pessoas diariamente. Ou pode tentar a sorte sozinho e continuar assistindo a um videozinho ou outro tentando pescar migalhas de conhecimento por aí.

Uma das respostas, segundo nossa experiência, é aplicar alguns princípios da filosofia estoica no seu desenvolvimento, caro leitor. E é sobre isso que eu, Rafael Mendes, falarei neste livro. Nossa bússola? As quatro virtudes cardeais do estoicismo aplicado ao dia a dia de um vendedor/empreendedor.

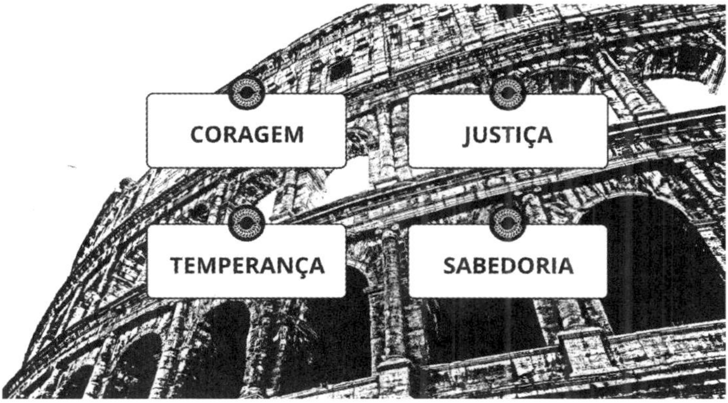


**Figura 6** • As quatro virtudes cardeais do estoicismo.

CAPÍTULO 1

# Torne-se um Vendedor Estoico

O Vendedor Estoico precisa demonstrar grande capacidade de aprendizado interdisciplinar e desenvolvimento de novas habilidades. Como diria Sócrates:

*"Só sei que nada sei!"*

Para se tornar um Vendedor Estoico, é fundamental sempre ter em seu repertório novas habilidades e saber utilizá-las em momentos oportunos.

Logo, o Vendedor Estoico precisa ter consciência de que tudo está em mudança e evolução!

## ANTES REFLITA:

*"Tudo o que você vê neste mundo logo se*
*transformará e deixará de existir. Ora, lembre-se de*
*quantas destas transmutações você mesmo pôde observar*
*ao longo da vida. Ou seja: o mundo é transmutação;*
*a vida é nossa opinião acerca delas."*

Marco Aurélio, *Meditações*, Livro IV, Parte 3.

## ANTES REFLITA:

*"As mudanças o assustam?*
*Mas pode alguma coisa ocorrer sem que haja mudança?*
*O que há de mais caro e familiar à natureza universal?*
*Você mesmo, acaso pode tomar banho sem que a lenha seja transmutada?*
*Pode comer sem que sejam transformados os alimentos?*
*Pode-se realizar alguma outra ação útil sem transmutação?*
*Acaso não percebe que as mudanças em ti mesmo são*
*fatos semelhantes e igualmente necessários à natureza universal?"*

Marco Aurélio, *Meditações*, Livro VII, Parte 18.

MÃO NA MASSA! SIGA O MESTRE:

## [DEDICAÇÃO]

- ☑ Você realmente está disposto a dedicar-se 100% ao seu desenvolvimento profissional?
- ☑ A partir da reflexão, como você lida com as mudanças e desafios da sua vida?
- ☑ Você estaria disposto a assinar o acordo abaixo consigo?

ANTES REFLITA:

*"Recuse-se a fazer juramentos, se puder;*
*caso contrário, evite-os na medida do possível."*

Epicteto, *Encheiridion*, 33.

## Assinatura do Acordo do Vendedor Estoico:

"Eu, ____________________________________,

estou disposto a aplicar todo o conhecimento aprendido neste livro e desenvolver as quatro virtudes cardeais do estoicismo."

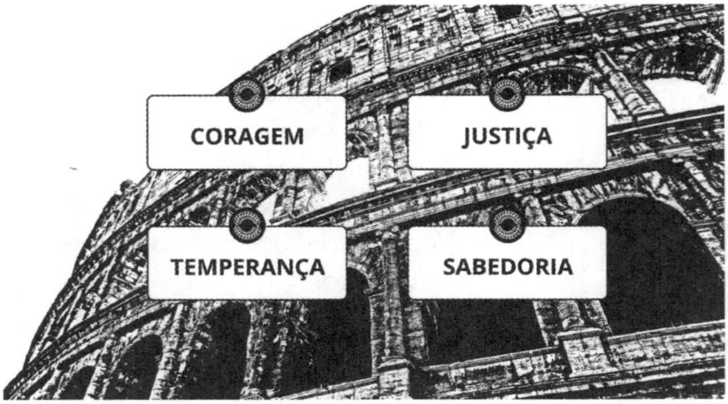


Figura 6 • As quatro virtudes cardeais do estoicismo.

## A PIRÂMIDE DA DICOTOMIA DO CONTROLE [DC]

### ANTES REFLITA:

*"A principal tarefa da vida é simplesmente a seguinte: identificar e separar os assuntos para que eu possa dizer claramente a mim mesmo quais são os aspectos externos que não estão sob meu controle e que têm a ver com as escolhas que eu realmente controlo. Onde, então, procuro o bem e o mal? Não para externos incontroláveis, mas dentro de mim para as escolhas que são minhas."*

Epicteto

*"Das coisas existentes, algumas são encargos nossos; outras não. São encargos nossos o juízo, o desejo, a repulsa — em suma: tudo quanto seja ação nossa. Não são encargos nossos o corpo, as posses, a reputação, os cargos públicos — em suma: tudo quanto não seja ação nossa."*

Manual de Epicteto [1. 2]

De acordo com o dicionário online dicio.com.br, o significado de "encargo" é:

☑ Ato de encarregar, de atribuir a alguém um cargo, **obrigação**, emprego, incumbência, obrigação; assegurar segurança aos cidadãos é encargo do governo.

Os estoicos são claros quanto à aceitação de tudo que está fora do seu controle/obrigação (encargo). A *Dicotomia do Controle*, portanto, seria a reflexão diária da análise:

- ☑ Eu tenho controle/encargo.
- ☑ Eu não posso controlar.

Na *Dicotomia do Controle*, aprendemos a separar aquilo que conseguimos controlar do que não conseguimos controlar. Não conseguimos controlar, por exemplo, as circunstâncias externas das nossas vidas, mas sempre podemos escolher a maneira como nós vamos reagir a cada uma das circunstâncias. Como dizia Epicteto, um dos valores essenciais do estoicismo é a diferenciação entre o que podemos e o que não podemos controlar, isto é, o que os estoicos chamam de *Dicotomia do Controle.*

Para tratar sobre vendas, utilizaremos o conceito da *Dicotomia do Controle*, fazendo uma analogia de uma pirâmide que chamaremos de *Pirâmide da Dicotomia do Controle [DC]*, que abordará três pontos que estão sob o controle de um Vendedor Estoico, as quais só competem ao leitor deste livro começar o seu desenvolvimento desde já.

**PIRÂMIDE DA DICOTOMIA DO CONTROLE [DC]**

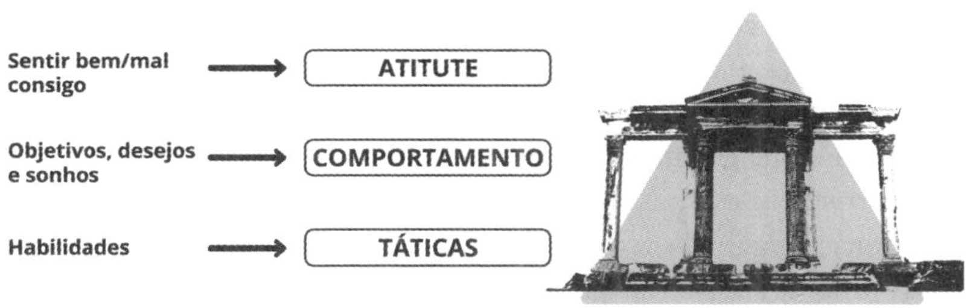


Figura 7 • A Pirâmide da Dicotomia do Controle [DC].

O primeiro deles é a atitude; depois, o comportamento e, por fim, as táticas aplicadas quando você estiver em uma reunião com um cliente.

## A ATITUDE

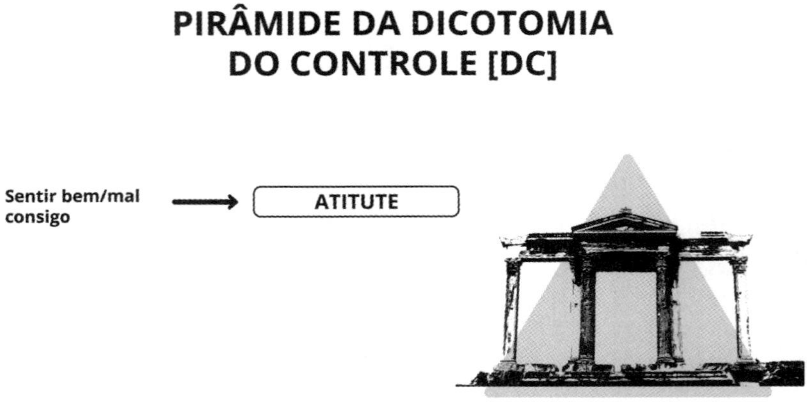


**Figura 8** • Pirâmide da Dicotomia do Controle [DC] – "Atitude".

Partiremos do conceito de atitude como a maneira como você se sente em relação a si mesmo e à mentalidade que você carrega em situações do seu cotidiano. Nesse sentido, há duas perspectivas que você pode adotar:

1. Sentir-se bem.
2. Sentir-se mal.

O ideal é que você busque uma atitude sempre positiva e otimista sobre si e também sobre a sua empresa, seu produto ou serviço, a concorrência e a economia. Isso significa que, mesmo em momentos difíceis, em dias mais complicados e com grandes desafios — ou com situações que saem do seu controle e frustram as suas expectativas —, você deve manter um olhar positivo e otimista e agir de acordo com esse olhar. Sua estabilidade emocional será muito importante para que aspectos externos e incontroláveis não roubem o seu equilíbrio nem afetem a sua atitude diante do que se apresentar pelo caminho.

Quando o contexto de vendas parece desfavorável, de nada adianta ter um olhar derrotado sobre esse contexto. Um olhar negativo já leva a um início de negociação em que você não acredita que vai terminar bem e, logo, não faz o que precisa fazer para obter bons resultados. Em um contexto que parece negativo, se a atitude do vendedor for positiva, oportunidades inesperadas podem surgir e relacionamentos enriquecedores e benéficos para o seu negócio podem ser construídos.

Essa atitude positiva passa por um olhar para dentro de si, sem culpabilizar pessoas ou situações, mas analisando-as para descobrir caminhos que contornem os desafios de cada uma delas. Isso, inclusive, é um fator que leva ao seu crescimento para se tornar capaz de ter a mesma atitude em outras situações futuras. Então mesmo que não seja fácil se manter com essa perspectiva, desenvolver essa habilidade é essencial, antes mesmo de pensar nas suas técnicas de vendas.

MÃO NA MASSA! SIGA O MESTRE:

[ATITUDE]

1. Feche os olhos e imagine todos os benefícios positivos da sua profissão como vendedor.
2. Fale em voz alta, sozinho, o que o seu cliente ganhará ao comprar o seu produto ou serviço.
3. Fale em voz alta, sozinho: "Eu não me importo com o meu concorrente!"
4. Fale em voz alta, sozinho, a meditação abaixo:

*"Hoje escapei de todos os problemas; ou melhor, expulsei de mim todos os problemas; pois não estavam do lado de fora, mas de dentro, em minhas próprias opiniões."*

Marco Aurélio, *Meditações*, Livro IX, Parte 13.

## O COMPORTAMENTO

*"Há algumas coisas que estão em nosso poder e outras que não estão. Em nosso poder, estão a opinião, o propósito, o desejo, a aversão e, em suma, quaisquer questões que sejam apenas nossas. Além do nosso poder, estão o corpo, a propriedade, a reputação, os cargos e tudo aquilo que não é propriamente da nossa conta."*

Epicteto, *Encheiridion*, 1.

## PIRÂMIDE DA DICOTOMIA DO CONTROLE [DC]

**Figura 9** • Pirâmide da Dicotomia do Controle [DC] – "Comportamento".

O segundo ponto a ser olhado é o seu comportamento cotidiano. Ele é determinado pelos seus:

1. objetivos;
2. sonhos;
3. desejos.

Isto é o que você quer alcançar na sua empresa. O comportamento, vale ressaltar, não é pautado tendo em vista somente o ganho financeiro. Isso porque você não tem controle sobre quanto de dinheiro empresas e pessoas estarão dispostas a pagar pelo que você oferece. O que você controla é como se comporta no dia a dia para aumentar as chances de alcançar seus objetivos, e são eles que vão determinar esse comportamento. Acordar cedo, empenhar-se no trabalho, preparar-se para reuniões e negociações, tudo isso são comportamentos que, secundariamente, trarão retorno financeiro. Ainda que as coisas não saiam como você espera, continue se comportando e se comprometendo com os seus objetivos, são eles que manterão você firme e equilibrado, não importa o que dê errado um dia ou outro.

MÃO NA MASSA! SIGA O MESTRE:

## [COMPORTAMENTO]

**Checklist de comportamentos fundamentais para organizar sua semana de vendas.**

Se você quer começar a semana com muitas vendas, precisa seguir esse checklist. A segunda-feira geralmente é um dia bem puxado para todas as empresas, a sua e as dos seus clientes. E é por isso que precisamos utilizar esse dia de maneira estratégica, pois é ele que vai direcionar toda a sua semana de trabalho.

Se você começar bem a segunda, pode ter certeza que as chances de ter uma semana incrível serão muito maiores.

1. *Organize* o seu espaço: não estou falando do espaço físico — ele também deve ser organizado — mas sim do espaço mental da sua operação.
   - Como foi a minha semana que passou?
   - O que funcionou e o que *não* funcionou na minha última semana?
   - Qual foi meu número de: ligações, reuniões, e-mails, oportunidades geradas e apresentações — a meta foi batida?
   - Tudo está 100% documentado?
   - Com base nos tópicos acima, é hora de ajustar os números da semana e partir para a ação!
2. Separe *espaços* de tempo para as atividades: criação de listas, prospecções de novos clientes, *follow-ups* e negociações de fechamento (sugiro deixar espaços na agenda, como se fossem mesmo compromissos para fazer essas atividades).
3. Comece pelos *follow-ups*: abra o seu CRM — *Customer Relationship Management* — ou planilha, agenda, e verifique os *leads/prospects* que já estão em andamento e comece focando aqueles mais urgentes ou em processo de fechamento.

   Ex: Cliente que deu um aceite da proposta, mas ainda não enviou documentação: ele também ficou pensando nisso no final de semana e quer resolver rápido (caso não queira fechar, o foco é em contornar as objeções).
4. Lembre-se: *você precisa limpar a sua* pipeline (para quem usa CRM, é a "linha de *cards*", ou seja, todos os negócios/*leads* que

você tem em atendimento). Assim, quanto menos *cards* parados no meio, melhor. Depois disso, foque aumentar o número de entradas.

*Ah, mas eu não uso CRM!* Bom, saiba que seu concorrente usa! É claro que vai depender muito de operação para operação, e estou considerando aqui processos de venda complexos e, principalmente, B2B. Simples, não é?

Porém é exatamente essa a ideia: o básico bem-feito funciona. Não adianta aprender um milhão de técnicas de vendas avançadas se o "feijão com arroz" não é bem-feito! O seu comportamento está no seu controle, então o resultado da venda é a consequência da repetição dos hábitos.

## AS TÁTICAS

> *"Organize a sua vida em seus atos individuais, de modo que, se cada um, até onde for possível, atingir o seu objetivo, isso seja o suficiente."*
> Marco Aurélio, *Meditações*, Livro VIII, Parte 32.

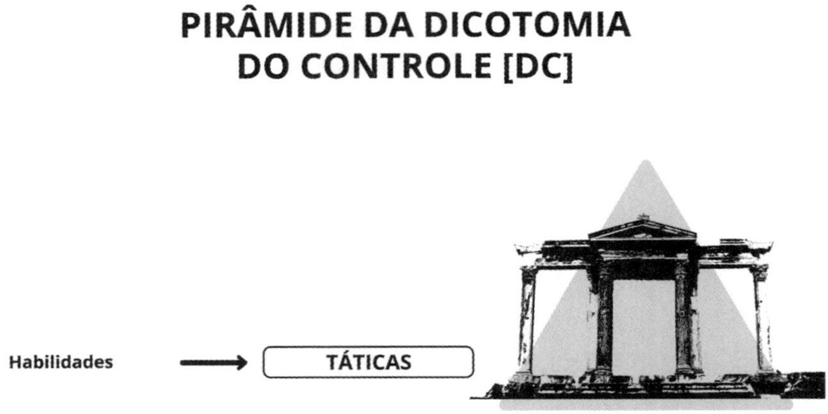


**Figura 10** • Pirâmide da Dicotomia do Controle [DC] – "Táticas".

Por fim, as táticas são as habilidades que você mobiliza para executar o seu comportamento, alinhado com a sua atitude diária. Como você conversa com um cliente, o que diz, sempre dependendo das respostas que recebe dele. Mais do que "o que é dito", você deve se concentrar em "como diz" e buscar alinhar isso à sua atitude positiva e ao seu comportamento, baseado em seus objetivos e metas.

Na "*Pirâmide da Dicotomia do Controle [DC]*", portanto, tudo começa com a sua atitude, ou seja, com a sua perspectiva sobre si, sobre sua empresa e seu produto. Ela afetará o seu comportamento e as táticas que utilizará em seu trabalho.

## DEFINA METAS

### 1. Definindo Metas

Definir metas é essencial! Algumas pessoas podem defender que se deixam levar pelo fluxo "das coisas", e isso é perigoso porque "as coisas" não estão sob o seu controle e, caso vá de acordo com elas e sem metas, há grandes chances de você se perder por não estabelecer aonde quer chegar e o que precisa fazer para isso.

A palavra "*felicidade*" não representa para os estoicos uma vida realmente "*boa*". Para os estoicos, uma vida "boa" é uma vida em que se vive a "*Eudaimonia*" que significa ter uma vida equilibrada, uma vida que não se abdica de uma existência plena, mas, ao mesmo tempo, busca ordenar esta existência de tal modo, focando aquilo que aspiramos e podemos alcançar por meio de certos empenhos, escolhas e metas. Onde todos eles são ordenados de acordo com um projeto de realização pessoal, isto é, baseado em metas.

Existe uma antiga frase clichê no mundo de vendas:

> *"Vendedor bom, que vende de verdade, é vendedor com dívidas.*
> *Pois ele sempre irá correr atrás para bater meta."*

Nosso objetivo, com este livro, é o oposto disso! Para os estoicos, "***pecúnia***", que significa **dinheiro**, não é um pré-requisito para a felicidade, pois tudo o que precisamos para atingir a "*Eudaimonia*" está dentro de nós.

Por outro lado, o estoicismo reconhece que existem condições que são mais "desejáveis" do que outras. Essas são chamadas de *indiferentes desejáveis*. Mas por que indiferentes? Porque não são essenciais para a "*Eudaimonia*". Tudo o que não nos leva em direção à "*Eudaimonia*" é indiferente. Contudo existem os indiferentes "desejáveis" e os "indesejáveis".

## Reflita sobre a informação abaixo:

Estudos apontam:

- ☑ que 1% da população do Brasil mantém o padrão de vida após a aposentadoria;
- ☑ 25% continuam trabalhando após a aposentadoria;
- ☑ 46% dependem de parentes;
- ☑ e o mais alarmante, 28% dependem de caridade.

É possível viver uma vida «boa» sem "*pecúnia*"? A resposta é: sim, é possível! Porém saiba que um dos principais objetivos de uma empresa que contrata um profissional em vendas é o de geração de ***pecúnia***.

E o objetivo deste livro não é o de o ajudar a se tornar um filósofo cínico (reconhecidos por serem filósofos que pregavam o total desprezo pelos bens materiais). E também que fique claro que, para a filosofia estoica, não há mal nenhum em ter ***pecúnia***. Dinheiro/pecúnia é um Indiferente **desejável**.

O próprio Sêneca, um dos grandes no estoicismo, foi um homem de posses, e Marco Aurélio comandou um dos maiores impérios da história. Os estoicos são reconhecidos pela sua excelência, pois vivem uma vida baseada no desenvolvimento constante das quatro virtudes cardeais:

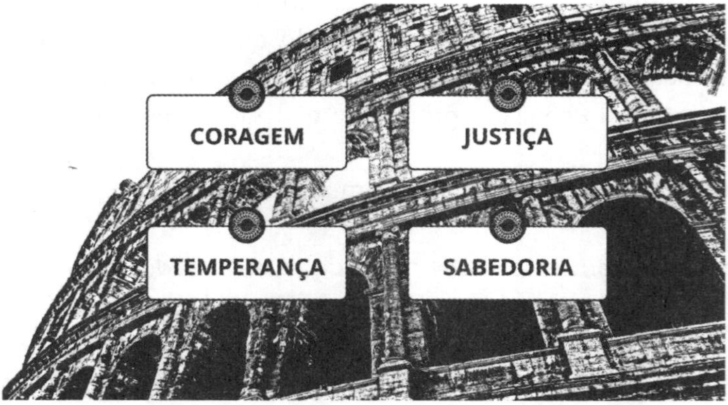


**Figura 11** • Quatro virtudes cardeais do estoicismo.

O mal está em deixarmos de viver uma vida virtuosa e passarmos a ser regidos pela busca somente de ***pecúnia***, vivendo uma vida de ganância, avareza e solidão. Saber gerar e gerir ***pecúnia*** exige o desenvolvimento constante da virtude da sabedoria.

***Não há nenhum problema entre ser rico e praticar o estoicismo, e também não há nenhum problema entre ser pobre e praticar o estoicismo.***

Ressalto aqui que, na definição de metas, você pode estabelecer objetivos financeiros, mas lembre-se de que, se ficar submisso a questões externas, poderá perder a sua atitude positiva, que falamos anteriormente, e não se comportar adequadamente para alcançar o que quer. Nesse sentido, procure estabelecer metas que você possa realizar e que terão como consequência o retorno financeiro, porém que não tenha como fim em si ou, como diria Marco Aurélio:

*"Receba as dádivas da fortuna sem orgulho; e desprenda-se delas sem relutância."*
Marco Aurélio, *Meditações*, Livro VIII, Parte 33.

Uma estratégia para a definição de metas financeiras é a de seguir como aquilo que chamamos de **"geração de pecúnia"** em quatro passos simples, que inclusive vivemos em nossa vida e tem se mostrado extremamente úteis.

[METAS]:

Geração de Pecúnia

**Passo a Passo:**

1. Estabeleça uma *meta*:
   O primeiro passo para se ter um planejamento financeiro é estabelecer aonde você quer chegar, os projetos que quer realizar e em qual prazo de tempo. Assim você se organiza para alcançá-los.

   Citamos no começo do livro o conceito *Premeditatio Malorum*, que é o conceito que se relaciona à nossa capacidade de prever o que pode dar errado, sem sofrer quando algo de fato não acontece como gostaríamos. Estabelecer uma meta financeira nos ajudará a estarmos saudáveis financeiramente para situações que não podemos controlar — a já citada *Dicotomia do Controle*.

2. Defina um *teto de gastos*:
   Estabeleça um limite mensal a ser gasto com cada tipo de despesa. Caso em um mês você ultrapasse esse limite, pode economizar mais no próximo, entretanto utilize uma forma de controle de gastos.

   Quanto mais específicas forem as metas definidas de gastos, melhor. Isso quer dizer que você deve saber exatamente o quanto quer economizar.

   Além disso, suas metas devem ser claras, para que fique claro o quanto de esforço você precisará fazer para alcançá-las, ou seja, é preciso ser realista sobre o que você quer e assim saber se é possível realizá-las.

3. Não se *prive* das coisas *boas* da vida:

## ANTES REFLITA:

*"Busque em sua memória e reflita sobre em qual momento você teve uma meta fixa; quantos dias se passaram da forma como você planejou; em que momento você esteve à disposição de si mesmo; quando seu rosto exibiu uma expressão natural; quando sua mente esteve imperturbada; que trabalho realizou em uma vida tão longa; quantos roubaram sua vida enquanto você não estava ciente de que estava perdendo; quanto desse tempo foi absorvido em tristeza inútil, em alegria tola, em desejo ganancioso, nas seduções da sociedade; quão pouco de si mesmo foi deixado para você. Perceberá, então, que está morrendo antes do tempo."*

Sêneca, *Sobre a brevidade da vida*, III.

## AGORA FAÇA!

- ☑ Preveja no seu planejamento uma quantia para lazer e viagens, mas equilibre. Em vez de duas viagens internacionais ao ano, escolha um destino nacional e outro no exterior.
- ☑ Liste "coisas" que você deseje conquistar através da pecúnia.
- ☑ Coloque em seu orçamento um valor para se "presentear", você não é uma máquina e lembre-se de que você vai morrer, *Memento Mori*.

4. Atenção aos pequenos gastos. *Estude* sobre investimentos e *invista* seu dinheiro:

   Antes de embarcar em promoções e descontos imperdíveis, questione-se sobre a real necessidade de adquirir aquele produto. Reavalie os pequenos gastos diários, como comer fora que, somados, tornam-se muito grandes.

   Isso porque, sem determinar um dia, você pode se perder na sua busca e se distrair com outras situações que se apresentarem e parecerem mais urgentes.

   Logo, invista em cursos sobre planejamento financeiro, investimentos, e busque boas oportunidades para colocar o seu **dinheiro/pecúnia**. O próprio significado da palavra Filosofia é, ***philos*** **= amor**, ***sophia*** **= conhecimento**, em suma, o filósofo é aquele que ama o conhecimento.

Por isso, na *Dicotomia do Controle*, você não tem controle sobre oscilações do mercado, a diminuição dos dividendos, a flutuação cambial, a inflação, troca de governo, sazonalidade do mercado, guerras, feriados. Porém estudar sobre onde e quando investir, que valor alocar em cada ativo, quais corretoras utilizar, com que frequência realizar novos aportes, investir ou não no exterior, poupar, aumentar sua renda por meio das suas comissões, isso está no seu controle!

Compartilhe as suas metas com pessoas em quem você confia e que possuem virtudes similares a sua (Tome cuidado com os invejosos!). As pessoas em quem você confia são as que ajudarão você, perguntando sobre as suas metas, questionando sobre o que você tem feito para alcançá-las. Essas perguntas podem até fazer você se sentir desconfortável, especialmente, quando você não estiver progredindo na realização dos seus objetivos como deveria. No entanto esse é o ponto: compartilhar para se responsabilizar por realizá-lo.

# CRIE CONEXÕES

## 2. Construa conexões

Quando explicamos a *Pirâmide da Dicotomia do Controle [DC]*, destacamos a importância da atitude, antes do desenvolvimento das técnicas. Para vender, a mesma lógica se aplica. Antes de planejar e colocar em prática técnicas de vendas, procure construir boas relações e verdadeiras conexões com as pessoas.

A conexão emocional é um caminho muito inteligente de vendas, mais do que se você pressionar seu cliente para vender algo a ele, sem antes se conectar. Isso porque as pessoas compram baseadas em suas emoções e, depois, procuram justificar suas compras baseadas na lógica.

Essa conexão emocional de que estamos falando ajuda a construir uma relação em que o cliente se sente confortável e, consequentemente, passa a confiar em você. Dessa maneira, essa relação aumenta as chances da concretização de uma venda. Podemos, então, voltar à atitude, aquela da *Pirâmide da Dicotomia do Controle [DC]*.

Se você se sente confortável consigo, tem um olhar positivo sobre as coisas, as chances de se sentir confortável com um cliente e de fazê-lo sentir conforto e confiar em você aumentam. Portanto, novamente, vemos que tudo parte da sua atitude.

Para algumas pessoas, essa construção de conexão pode ser um desafio, mas ele se mostra essencial e, por isso, apresentaremos alguns elementos de comunicação que podem ajudar você nessa busca por conexões de qualidade com seus clientes.

1. Atente-se sempre à sua linguagem corporal, como você se veste, como se senta, como olha. Essa postura, além de ser uma maneira de comunicação relevante, também afeta a maneira como você se comunica verbalmente, como diz as coisas ao cliente.
2. Quando partimos para o discurso falado, é preciso encontrar o ritmo, o tom e o volume ideal para se comunicar, de forma que as pessoas se sintam bem conversando com você e ouçam, de fato, o que você tem a dizer a elas.
3. Mais um ponto importante a se observar sobre o seu interlocutor, ou seja, a pessoa com quem você quer construir uma conexão de

qualidade, é se ele é mais visual, se imagina o que você fala; se ele é mais auditivo, valoriza mais o que ouve; ou se é mais sinestésico, se valoriza mais as emoções e os sentimentos. Saber com qual tipo de pessoa você está conversando pode ajudar a ajustar a sua comunicação para que essa conexão que você esteja buscando se estabeleça mais facilmente.

Na prática, ao entender como é a pessoa com quem está se comunicando, você pode criar uma sintonia com ela, e uma das técnicas que podem ser utilizadas é a do *Espelhamento* e *Correspondência*.

## TÉCNICA DE ESPELHAMENTO E CORRESPONDÊNCIA

### ANTES REFLITA:

*"Fale, seja no Senado ou em qualquer outro lugar,*
*com dignidade e não com elegância;*
*e que suas palavras sejam sempre sãs e virtuosas."*
Marco Aurélio, *Meditações*, Livro VIII, Parte 30.

1. Partimos do princípio de que as pessoas se sentem mais confortáveis com quem se comporta de maneira parecida com a delas. Dessa forma, saber ser um camaleão para ajustar sua linguagem corporal, bem como a tonalidade, o ritmo e o volume da sua voz, é essencial em vendas. Isso acontece porque, subconscientemente, haverá influências invisíveis que convencerão as pessoas, ao sentirem que você age e se comunica como elas, ou seja, que você se parece com elas, fazendo-as se sentirem à vontade e confortáveis ao seu lado.
2. Essas influências ajudarão na construção de uma conexão mais profunda, facilitando a confiança e, consequentemente, a concretização de uma venda. A ideia é espelhar o outro em você, de maneira que vocês correspondam um ao outro e isso crie uma conexão pelo sentimento de semelhança entre vocês. Essa semelhança não diz respeito ao conteúdo do que você diz, no sentido de que você precisa gostar das mesmas coisas que a pessoa gosta, e sim que você

precisa entender como ela se comporta e se comunica, para, assim, se comportar e se comunicar como ela, e, como resultado, com ela.

3. Por fim, ressalto que essa é uma técnica para criar boas conexões com as pessoas. Portanto, não se trata de enganar ou fingir ser alguém que você não é, mas de desenvolver a habilidade de se adaptar em prol das relações que você precisa construir no seu processo de vendas.

Sendo assim, o resultado dessa técnica é a construção de uma conexão instantânea. Lembre-se de que a primeira impressão é muito importante e pode ser decisiva. Então procure desenvolver essa técnica para que esse primeiro contato já seja um momento de conexão imediata. Saiba observar e aprenda a colocar em prática. Além disso, procure sustentar essa relação construída. Não adianta colocá-la em prática uma vez e acreditar que nos outros encontros que tiver com a pessoa poderá deixar isso de lado. É um trabalho constante de observação, atenção e prática, para que a conexão construída se mantenha e seja, de fato, verdadeira.

MÃO NA MASSA! SIGA O MESTRE:

## [CONEXÕES]

### Construa Conexões

CHECKLIST para reuniões de vendas & negociações de *resultado*:

Toda vez que você faz um *contato* com um cliente em potencial, seja por telefone, videochamada ou pessoalmente, você deve:

- ☑ Causar uma boa impressão.
- ☑ Estar bem vestido.
- ☑ Estar com cheiro agradável.
- ☑ Ser gentil.
- ☑ Ganhar a confiança dele(a).
- ☑ Estabelecer sua credibilidade.
- ☑ Provar que você entende os problemas deles.
- ☑ Mostrar que você pode resolver os problemas.
- ☑ Estudá-lo nas redes sociais.
- ☑ Estudar a empresa da qual ele faz parte.
- ☑ Estudar sobre tudo do mercado do qual ele faz parte.

- ☑ Se for uma videoconferência, garanta que você está com boa iluminação.
- ☑ Já deixar marcada a próxima reunião ou fazer com que ele(a) assine na linha pontilhada.

O básico, quando é bem-feito, é *megapoderoso*!

## DEFINA EXPECTATIVAS

### ANTES REFLITA:

*"De manhã, quando você não estiver disposto a se levantar, tenha isto em mente: 'estou me levantando para tratar dos negócios próprios do homem', e deveria eu me queixar do meu comprometimento com aquele trabalho para o qual vim a este mundo? Estou preparado para algo além de deitar entre as roupas de cama e me manter aquecido?"*

Marco Aurélio, *Meditações*, Livro V, Parte 1.

Agora que você já entendeu qual é a abordagem que precisa aprender a desenvolver com seus clientes para criar uma conexão com eles, vamos às definições das expectativas de uma reunião para que seus objetivos possam ser alcançados.

Definir expectativas nada mais é do que um acordo entre as partes envolvidas do caminho que será percorrido durante uma reunião, de maneira que os interesses de ambas as partes sejam contemplados. É preciso que todos saibam o que estão fazendo e aonde querem chegar ao fim da reunião, para que não se percam ou se entediem por não saber a que ponto um vendedor quer chegar, e esse lugar é o mesmo da outra pessoa.

A definição de expectativas é um elemento mais importante do que ser naturalmente um bom vendedor, porque ela ajuda na construção de confiança, ainda que um potencial cliente não tenha certeza se efetivará uma compra ao final de um encontro. Isso porque, quando esse cliente sente que você está sendo sincero e claro sobre os seus objetivos, você não precisa dar um "show" em uma reunião, mas simplesmente cumprir o que estabeleceu. É a maneira mais inteligente de estabelecer controle sobre o ciclo de vendas e compartilhar com seu cliente esse processo traz a impressão de que ele também tem controle sobre a situação que se apresenta, o que é algo positivo para vocês dois. Essa atitude gera conforto e elimina a ansiedade de não saber o que vai acontecer e quanto tempo precisará ser disponibilizado para uma reunião de negócios.

Por fim, isso também ajuda o cliente a se posicionar se quer ou não seguir com uma negociação e, mesmo que a resposta seja negativa, ela é melhor do que um "talvez", pois evita que você também use seu tempo com uma pessoa que se posiciona e já sabe que não tem interesse no que você oferece.

Agora que você sabe da importância de definir expectativas, vamos aos cinco elementos importantes para fazer essa definição, que vale para reuniões presenciais ou por telefone.

O primeiro deles é o tempo que será necessário e o motivo para uma reunião acontecer. Porque é necessário organizar a pauta de acordo com o tempo disponível para que seu cliente não precise abandonar a reunião antes de todos os itens planejados serem apresentados e discutidos.

O segundo é a compreensão das necessidades do seu potencial cliente para avaliar se elas podem ser atendidas pelo que você oferecerá. Ou seja, é preciso ouvir o que o cliente espera e ser honesto sobre se você pode ou não atender a essas expectativas.

Relacionado ao segundo elemento: vem o terceiro, que é saber quais são as suas necessidades e o que você precisa para alcançá-las durante a reunião.

O quarto elemento diz respeito ao resultado que se quer alcançar. Ao final de uma reunião, é importante saber se faz sentido seguir em frente em relação ao negócio que se quer realizar. Isso vale para você e também para o seu cliente, é um acordo para entender se, depois, essa relação terá continuidade ou não.

Por fim, quais obstáculos existem ou podem se apresentar para que esse resultado seja alcançado. Esse elemento serve para que os medos do que pode atrapalhar uma reunião de negócios sejam expostos de modo a se entender se é possível vencê-los nas condições apresentadas ou não.

Esses elementos devem sempre vir à tona para que o alinhamento entre você e seu cliente esteja sempre atualizado e seja eficiente para ambos.

## [EXPECTATIVAS]

Antecipe-se!

Prepare a sua semana para que ela seja extremamente produtiva com sete passos!

Já faz alguns anos que descobrimos que uma semana fora de série começa, na verdade, na sexta-feira, já pensando no PLANEJAMENTO da próxima semana, por isso queremos compartilhar com você os sete pontos de como preparamos toda a semana.

O sábado e o domingo são dias de ficar com a família, aprender algo novo, praticar um esporte, desfrutar do suor do seu rosto e descansar para recarregar as energias. A nossa semana de trabalho é baseada em pensar nas demandas de geração de novos clientes e ajustes na operação de vendas.

Assim, estes são os sete itens que podem ajudar:

1. Pense no que funcionou bem na semana que passou. Pensou?
2. O que não funcionou? E qual é o seu plano para que isso NÃO aconteça novamente?
3. Qual era a *principal* meta da semana? Foi batida? Se não, o que faltou?
4. Quais negócios já estão em fase de fechamento e precisam de um *follow-up* com preferência? Usando a estratégia de definição de expectativas.
5. Quais são os negócios que estão entrando na fase de negociação que precisam de um estudo personalizado (seja uma proposta ou um cliente oculto etc.)?
6. Quais são os clientes da minha carteira que precisam de atenção?
7. Qual é a minha *principal* meta da semana?

Identificando essas informações, hoje, você constrói uma semana muito produtiva e de resultados, e não ficará pensando no trabalho no final de semana. Simples, não é? O básico, quando é bem-feito, funciona!

## DESCUBRA AS DORES DO SEU CLIENTE

### ANTES REFLITA:

*"Tenha o costume de prestar atenção ao que os outros dizem e, na medida do possível, adentrar na mente de quem está falando."*
Marco Aurélio, *Meditações*, Livro VI, Parte 53.

Passar pelas dores de um cliente pode ser um processo desafiador para muitos vendedores, pois essa descoberta é necessária, mas precisa ser feita de modo a não levar seu potencial cliente a se fechar ou se proteger. Afinal, alguns assuntos não são fáceis de serem abordados, então é preciso saber como fazer isso de forma eficiente.

### ANTES REFLITA:

*"Os homens buscam isolar-se em retiros, casas de campo, nas praias e nas montanhas, e você também já desejou muito estar em tais situações. Mas essa é a marca dos homens medianos, pois aquele que filosofa sabe que está em seu poder a decisão de retirar-se para dentro de si mesmo. Pois não há local mais pleno de tranquilidade e liberdade do que a própria alma de um homem quando retirada do turbilhão mundano, particularmente, naquele homem que carrega dentro de si tal sorte de pensamentos que, quando tem a possibilidade de contemplá-los, encontra imediatamente a plena serenidade. E eu afirmo que esta serenidade é nada mais do que a boa disciplina da mente."*
Marco Aurélio, *Meditações*, IV, 3.

Para os estoicos, existe uma metáfora clássica chamada ***Cidadela Interior***, que significa que nós, seres humanos, podemos desenvolver uma espécie de fortaleza em nosso íntimo que nos defenda das adversidades da vida. Essa metáfora é a da construção de uma fortaleza interior como um ideal, e que nos torne pessoas invencíveis, pois a ***Cidadela Interior*** tem muralhas que não caem quando atacadas pela vida.

Gostamos de pensar que cada cliente possui uma espécie de fortaleza interior *(Cidadela Interior)* que o protege de não comprar aquilo que eu ou você, caro leitor, temos a oferecer. Queremos estimulá-lo a construir a sua "Cidade Interior", desenvolvendo as quatro virtudes cardeais já citadas anteriormente.

Porém, neste capítulo, o seu objetivo é justamente ouvir seus clientes para entrar nesta fortaleza interior (*Cidadela Interior*) e entender o que eles precisam. Nesse sentido, é preciso saber abordar as dores deles, pois elas representam a distância entre o que o seu cliente tem e o que ele quer alcançar.

Logo, seu papel é convencer esses clientes que normalmente sabem o que querem e não aceitarão facilmente qualquer oferta. Depois, é necessário fazê-los sentir as suas dores atuais para mostrar para eles o que eles ainda não alcançaram. Essa percepção dará a você o papel de salvador, o que vai solucionar essas dores. Ou seja, você é quem pode ajudá-los a acabar com elas, alcançando o que eles querem e ainda não conquistaram.

Então o caminho para descobrir a dor de alguém com quem você quer fechar negócio é o seguinte:

## [DORES]

### Entrando na Cidadela Interior

**Passo a Passo:**

1. Passar de uma dor superficial, aquela de que todos falam, mesmo para quem não confiam.
2. Depois, passar pela dor de um negócio até chegar ao próximo estágio.
3. O próximo estágio é uma dor pessoal, aquela que só é revelada quando uma relação de confiança se estabeleceu.

Desse modo, seu objetivo é fazer esse caminho completo, a partir da construção de uma conexão, definição de expectativas e construção de confiança com seu cliente. A melhor maneira de chegar a essa dor pessoal e profunda é fazendo perguntas estratégicas e bem direcionadas, e, além disso, é muito importante ser um bom ouvinte.

O objetivo de ser um bom ouvinte é para que você vá desvendando as perguntas que devem ser feitas para ir se aprofundando nas dores de seu cliente, até chegar a um nível emocional. Quando esse nível for compreendido por ele e por você, haverá abertura para ser resolvida.

Ser um bom ouvinte é ser um ouvinte ativo. Isso quer dizer que você deve ouvir e dar sinais de que está prestando atenção a cada palavra dita por seu cliente. Essa reação diante do que ele fala, o fará se sentir ouvido de verdade e confortável em continuar se abrindo para você. Verbalmente, é importante também demonstrar que você está ouvindo o que seu cliente diz, e então dizer que o entende e que o que ele diz faz sentido, é bastante eficaz. Outra fala que pode ser usada é a repetição de frases-chave que se relacionam ao assunto que está sendo abordado e a reformulação delas, demonstrando que você se sente como o seu cliente e reforça uma relação de confiança.

Todos esses comportamentos, no mundo de hoje, em que as pessoas têm se preocupado cada vez mais apenas consigo mesmas, é um diferencial que será essencial para que seus clientes se sintam ouvidos e compreendidos por você. Simples, não é? O básico, quando é bem-feito, funciona!

## O ORÇAMENTO

Entrar no assunto "orçamento" deve ser algo a se pensar depois de você ter se aprofundado nas dores do seu cliente. É o momento de utilizar todo desenvolvimento da virtude da sabedoria, usando todas as experiências vividas, inclusive, os erros cometidos para saber extrair o máximo dos clientes.

**Figura 12** • Virtude da sabedoria.

Em muitas culturas, tratar de dinheiro é assunto delicado, porque somos ensinados que não devemos falar sobre isso, sobre o quanto temos de dinheiro ou sobre quanto nos falta. Considerando isso, é preciso ter cuidado ao entrar nesse assunto, já que pode ser delicado, dependendo de como o seu cliente lida com a parte financeira. Apesar disso, ao fazer negócios, falar de dinheiro é essencial para saber se seu cliente tem o orçamento para realizar o que deseja e como deseja, se ele pode pagar pelo seu serviço/produto ou não.

Nesse sentido, ainda que você deva buscar construir uma conexão com seus clientes, também deve ser empático com suas dores. Dessa maneira, é preciso também encarar e vencer o medo de falar sobre dinheiro, porque ele será decisivo para as suas vendas e para que você não perca tempo com um potencial cliente que não tem o orçamento necessário para comprar o que você oferece.

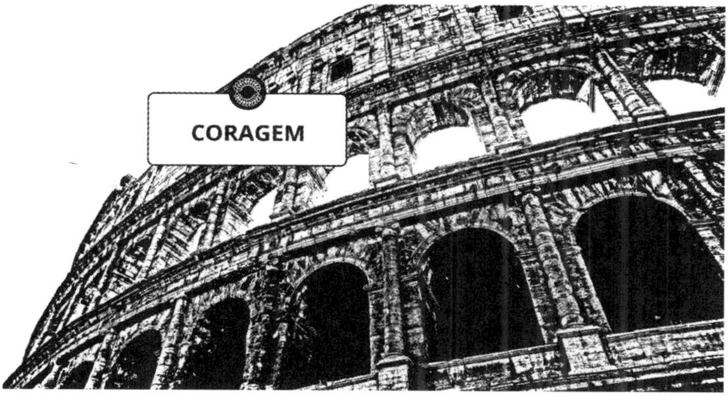


**Figura 13** • Virtude da coragem.

Assim, após entender as principais dores do seu cliente, você entrará no assunto "orçamento" para saber o quanto ele está disposto a investir para solucionar suas dores, mas sempre trazendo estas à tona para que o cliente entenda que seu objetivo é fazê-las desaparecer.

MÃO NA MASSA! SIGA O MESTRE:

## [ORÇAMENTO]

**Fale sobre dinheiro/pecúnia.**

CHECKLIST de ações para entender o orçamento do cliente:

☑ Para perguntar sobre dinheiro, no entanto, você pode utilizar um vocabulário adequado que traga a ideia de orçamento indiretamente, como investimentos, recursos, entre outras. Há ainda técnicas para abordar o assunto e descobrir quanto seu cliente tem disponível para investir no que você oferece.

- ☑ Você pode fazer uma pergunta propondo uma estimativa do quanto custará o projeto, para sondar se o orçamento está dentro do que você espera. Além disso, é possível citar histórias de outros clientes que investiram em um projeto semelhante e apresentar o valor estimado para saber se está dentro do orçamento do seu cliente.
- ☑ Outra maneira, é revisitar um projeto anterior da empresa do seu cliente que seja parecido com o que precisa ser realizado para entender qual foi o investimento feito e saber as expectativas do seu cliente sobre o quanto gastará.

Simples, não é? O básico, quando é bem-feito, funciona!

## ANTES REFLITA:

*"A inteligência derruba tudo o que impede sua atividade encaminhada à meta proposta; e se converte em ação o que retinha essa ação, e toda obstrução se transforma em caminho."*

Marco Aurélio, *Meditações*, Livro V, Parte 20.

MÃO NA MASSA! SIGA O MESTRE:

## [ORÇAMENTO]

**Fale sobre dinheiro/pecúnia, dicas nº 2.**

CHECKLIST de ações para entender o orçamento do cliente:

1. Uma abordagem possível é fazer uma metáfora comparando pequenos ou grandes times, objetos, eventos para saber em que lugar seu cliente se vê naquele momento e o que espera alcançar. É possível ainda ser direto no questionamento sobre orçamento, tentando entender a relação do seu cliente com o assunto de maneira mais objetiva.

2. Por fim, a maneira como você fará essa abordagem dependerá do seu cliente, dos seus objetivos, do seu produto ou serviço, então faça as adaptações necessárias e escolha a maneira mais adequada de iniciar a conversa sobre orçamento.

Um ponto importante a se observar também é que, ainda que seu cliente não possa ou não queira fazer um alto investimento no seu produto ou serviço, é possível flexibilizar a sua negociação para vender uma parte do que você planejou. Depois, com o tempo e com a qualidade do que você oferece, o projeto pode ir se expandindo.

Na hora da negociação para assinar um contrato, fique atento ao que falamos anteriormente sobre a questão emocional do seu cliente. É importante que ele veja valor no que está comprando, mesmo que o dinheiro gasto seja alto. Se o valor valer a pena para o cliente, ele fechará negócio. A ideia é que ele sinta que sai ganhando algo, apesar de estar investindo dinheiro, está ganhando de alguma maneira.

Sabendo que as pessoas sempre tentam baixar o valor do que vão pagar, é importante você iniciar a sua negociação oferecendo um produto ou serviço com um valor de investimento mais alto do que aquele que você de fato está disposto a receber. Assim, você terá uma margem para negociar e "ceder" para que seu cliente se sinta em vantagem e decida pela compra com você.

Além disso, no momento da negociação, não baixe o preço diretamente, mas diminua um pouco o valor, porém oferecendo um contrato mais longo, por exemplo; ou algo que beneficie de alguma forma a sua empresa por diminuir o preço do serviço. O importante, no final de uma negociação, é saber que você não terá prejuízos e que seu cliente sairá feliz com o contrato de valor que decidiu concretizar.

## A HORA DA DECISÃO

Após definir expectativas, identificar as dores e entender o orçamento do seu cliente, é chegada a hora da decisão de compra. Considere o momento ideal para utilizar a virtude da temperança, é preciso ponderar escolhas, considerar possibilidades, equilibrar expectativas.

**Figura 14** • Virtude da temperança.

A primeira verdade que você deve ter em mente é que não se deve acreditar na primeira resposta do seu potencial cliente. Isso acontece porque, muitas vezes, mesmo que ele diga que tem a decisão de compra, pode precisar conversar com outras pessoas ou tomar outras medidas antes de fechar negócio de fato. Além dessa verdade, é preciso questionar esse potencial cliente se há alguém que dará a resposta final sobre a decisão de compra, alguém que dará um retorno sobre o que vocês conversaram ou se ele tem autonomia para decidir. É importante ficar claro para você qual é o processo de aprovação de um negócio dentro da empresa que está negociando com você.

Tenha em mente que, ao sair de uma reunião, você deve entender se a negociação vai continuar. Para isso, uma resposta direta "sim" ou "não" é essencial para que você saiba se há perspectiva real de fechar o negócio.

MÃO NA MASSA! SIGA O MESTRE:

## [A HORA DA DECISÃO]

### Qual a temperatura desta negociação?

Perguntas importantes nesse processo são:

- ☑ *Quem* está envolvido nesta situação de compra?
- ☑ *O que* está envolvido em cada etapa do processo de aprovação de uma compra na empresa?
- ☑ *Quando* a decisão será tomada?
- ☑ *Em que nível* da hierarquia da empresa a decisão será tomada?
- ☑ *Como* essa decisão será tomada na empresa?
- ☑ *Por que* as decisões serão tomadas dessa maneira?

Após essas perguntas, você deve combinar com o seu potencial cliente, com quem você está negociando que, se for fazer uma apresentação do seu produto ou serviço, precisa estar certo de que, ao final dessa apresentação, terá uma resposta definitiva, um "sim" ou um "não".

Algumas vezes, quando você vai fazer uma apresentação para um potencial cliente, não consegue acessar diretamente os tomadores de decisão da empresa. Nesse caso, se o seu contato, para quem você fez a apresentação, disser que compraria seu produto, ou seja, se ele disser "sim" após sua apresentação, você pode perguntar a ele quais perguntas os tomadores de decisão podem fazer quando ele levar a sua proposta.

Respondendo a essas perguntas, ele será uma voz da sua empresa dentro da empresa dele. Nenhuma pergunta ficará sem resposta e as chances de os tomadores de decisão concordarem com ele serão maiores.

Uma última dica importante antes de abordar a apresentação é que você deve sempre conhecer muito bem a empresa para quem quer vender. Para isso, procure desenhar o mapa da organização e entender todos os envolvidos no processo de compra do seu produto ou serviço. Sabendo quem são todas essas pessoas, o próximo passo é buscar, entre elas, com quem você pode desenvolver um melhor relacionamento. A partir daí, seu trabalho é saber tudo o que puder sobre ela, seus interesses pessoais, inclusive, por que será ela, como dito anteriormente, quem convencerá os tomadores de decisão a dizerem SIM para você. O básico, quando é bem-feito, é *megapoderoso*!

## A APRESENTAÇÃO

Para começar, é preciso ter em mente que, quando você chega ao momento da apresentação, o objetivo é confirmar algo que você já sabe: você vai fechar o negócio. A preparação para este momento decisivo é importante e, por isso, apresentamos alguns passos que você deve seguir.

Obviamente, dependendo da empresa para quem você for apresentar, ou, até mesmo, do seu produto ou serviço, essa apresentação terá características específicas, então trataremos desse tema de uma forma mais genérica e pensando estrategicamente:

1. Procure incluir tópicos que tratem de dores do seu cliente que já foram identificadas e avaliadas por você. Não traga novas questões para a apresentação.

2. Se você trabalha com um produto, é importante que seu potencial cliente tenha contato com esse produto, seja ele físico ou virtual.
3. Se alguém fizer alguma pergunta antes do fim da apresentação, não interrompa. Ouça e analise para responder posteriormente. E, principalmente, entenda por que essa pergunta é importante para ele.
4. Não se oponha a finalizar sua apresentação antes do planejado se essa for a vontade do cliente, se ele já tiver tomado a decisão.
5. Se a apresentação não estiver indo bem, não tenha receios em finalizá-la e combinar outro momento para realizá-la com mais qualidade.

Partiremos agora para a estruturação da sua apresentação. Em primeiro lugar, defina com a sua equipe quem será o líder, para que não haja confusão e várias "vozes", mas que a apresentação seja "uníssona" e coerente do começo ao fim. Depois, tenha em mente, de modo claro, quais dores identificadas serão abordadas. Defina também o valor financeiro que será cobrado para que você solucione essas dores. Tenha ainda um acordo com o cliente que, ao final da apresentação, uma decisão será tomada: sim ou não.

Para a parte do meio da apresentação, apresente um exemplo pessoal, dados estatísticos, uma história que se relaciona, é claro, ao que você está apresentando e que seja interessante para seu cliente ouvir. Depois, procure abordar as dores, pela sua ordem de importância, seguida pela maneira como você pretende resolvê-la e os benefícios que serão alcançados por seu cliente, ou seja, o porquê a sua solução é importante para ele.

MÃO NA MASSA! SIGA O MESTRE:

## [A APRESENTAÇÃO]

Faça-o assumir um compromisso.

ANTES REFLITA:

> *"Você possui a razão? 'Sim, possuo'.*
> *Então por que não usa?*
> *Pois se ela desempenhar seu próprio*
> *ofício por si só, do que mais você precisará?"*
>
> Marco Aurélio, *Meditações,* Livro IV, Parte 13.

1. Quando você estiver um pouco mais à frente da metade da sua apresentação, faça o seguinte: pergunte ao seu cliente, em uma escala de 0 a 10, quão próximo ele está de dizer "*sim*" para você e seu produto ou serviço. Isso serve para você compreender o nível de interesse dele nas soluções e benefícios apresentados por você até aquele momento.
2. Se a resposta for de 0 a 4, pergunte o que você precisa fazer para aumentar esse número. Se for de 5 a 7, siga com a apresentação e volte a fazer essa pergunta posteriormente. Se for de 8 ou 9, pergunte o que precisa fazer para chegar ao 10. Se a resposta for 10, questione sobre o que ele quer fazer a partir daquele momento. Afinal, está claro que a decisão de compra está tomada.

Simples, não é mesmo? O básico é o suficiente!

## FECHANDO NEGÓCIO

Para finalizar, mostraremos agora como, após a tomada de decisão, fazer seu cliente não ter arrependimentos e voltar atrás. Não se esqueça de que a virtude da justiça se relaciona a fazer o que é certo, o que se acredita para o seu bem e o bem coletivo. Para alcançar grandes coisas, é preciso coragem, mas sem perder o olhar sobre o que é justo.

Figura 15 • Virtude da justiça.

MÃO NA MASSA! SIGA O MESTRE:

## [FECHANDO O NEGÓCIO]

**A justiça como a mãe de todas as outras virtudes.**

CHECKLIST de ações para fechar a proposta com o cliente:

1. Antes de assinar o contrato, retome com seu cliente todos os possíveis receios que ele possa ter.
2. Mantenha a construção de uma relação de confiança e dê a ele a oportunidade de desistir, caso seja essa a vontade dele.

Fazendo isso, você, mais uma vez, constrói um ambiente confortável para o seu cliente, o que diminui as chances de ele desistir sem você saber o motivo, como acontece algumas vezes.

## Finalizando este capítulo:

*"Os homens foram criados um para o outro. Ensine-os melhor ou tenha paciência com eles."*

Marco Aurélio, *Meditações*, Livro VIII, Parte 59.

CAPÍTULO 2

# Oratória: a apresentação de alto impacto em vendas

Neste capítulo, falaremos um pouco sobre como fazer uma apresentação que crie conexão e não bloqueios com o seu público e cliente que deseja vender. Ao final, você perceberá que duas tarefas são essenciais para que sua palestra ou apresentação sejam eficientes: conhecer a si e conhecer o seu público/cliente.

*"Conhece-te a ti mesmo!"*
*Atribuída a Sócrates, filósofo ateniense do período clássico da Grécia antiga.*
s. (470 a.C.).

A frase "Conhece-te a ti mesmo!" estava no pórtico na entrada do Oráculo de Delfos. Os gregos antigos procuravam o Oráculo para receber conselhos acerca das mais diversas situações e assuntos.

Tudo começou quando Sócrates foi até o templo do Oráculo de Delfos consultar uma sacerdotisa. Ao se deparar na entrada do templo, no pórtico, ele teria se deparado com a frase "*Conhece-te a ti mesmo!*". A sacerdotisa afirmou que ele era o homem mais sábio de toda a Grécia, logo, intrigado com essa revelação, Sócrates fez um mergulho interior e constatou que a única coisa que ele sabia é que não sabia nada, a célebre frase "*Só sei que nada sei!*"

Após isso, Sócrates incorporou em sua filosofia a necessidade de se autoconhecer, passando a provocar a reflexão nos atenienses. Para Sócrates, o autoconhecimento é o início do caminho para o verdadeiro saber. Para a filosofia estoica, mesmo Sócrates não sendo o criador do estoicismo, ele é o maior referencial de ser humano.

## *O que você diria se você fosse apresentado a si mesmo?*

## ANTES REFLITA:

*"Olhe para dentro de si. Dentro, está a fonte do bem. Escave constantemente e sempre terá sucesso."*

Marco Aurélio, *Meditações*, Livro VII, Parte 59.

Quando pensamos em uma apresentação e não temos experiência em fazer algo assim, o nervosismo é normal. O desconhecido assusta, porém é importante tornar algo novo em conhecido, para que esse nervosismo vá aos poucos se dissipando quando estivermos em uma situação nova de exposição, uma apresentação, por exemplo. Digo isso porque, por mais que as pessoas tentem disfarçar quando estão nervosas, ele é percebido pelo público, seja pelos nossos gestos, pela maneira como falamos, olhamos ou nos portamos nessas situações. Por isso, é essencial buscar dominar nosso nervosismo e não deixar que ele tome conta de nós e atrapalhe o que precisamos fazer.

Para isso, indico que você comece por buscar sentir-se bem com você antes de qualquer coisa. Sentir-se bem com o seu corpo, com a roupa que você escolhe vestir, com a maneira como se comunica. É claro que há momentos em que não estamos bem, mas é preciso saber lidar com isso, transformar esse mal-estar e fazer o que for preciso para estarmos confortáveis na nossa pele. Afinal, por mais que tenhamos admiração por outras pessoas, pelo jeito e até pela aparência delas, cada um só pode ser o que é, evoluindo, porém sem fugir da própria essência. Esse é, portanto, o primeiro passo.

Tendo isso em mente, ao ter a sua apresentação pronta, você deve treiná-la. Assim como atletas treinam para ter um bom desempenho, você deve fazer o mesmo. Essa rotina de treino antes de uma apresentação fará com que você ganhe autonomia no momento de se apresentar. Mesmo as apresentações precisam ser vistas como treinos. Após cada uma delas, é preciso fazer uma análise do que você pode melhorar para as próximas.

A independência de saber o que falar e como falar faz com que você esteja no controle da situação e não dependa, por exemplo, de slides, de anotações. O que está no seu controle deve ser o seu foco.

Outra característica que deve ser trabalhada é a cobrança por fazer algo perfeito. O perfeito só vem conforme você for fazendo e aprimorando suas apresentações. De nada adianta se cobrar por algo sem ter feito antes ou sem ter feito muitas vezes. Quanto mais você treinar e quanto mais você fizer apresentações, mais perto você chegará da perfeição. Essa prática trará confiança e segurança para você.

Além de sentir-se bem consigo e treinar constantemente para falar em público, é importante estudar para fazer algo de impacto. Isso porque o seu objetivo é selecionar as informações que seu público deve saber, ter conhecimento para levar, mas saber sempre mais, caso haja algum questionamento ao longo de sua apresentação.

Quando precisamos fazer algo novo, pode ser assustador no início, mas só deixará de sê-lo se encararmos os desafios e transformarmos o novo em algo conhecido e dominado.

### Início da apresentação, um momento crucial

Não sei se você sabe, mas em uma apresentação, são necessários de 3 a 5 minutos para você ganhar a plateia. Por isso, pensar em como começar é crucial. Sem um bom início, você pode perder seu público, que deixará de ouvir o que você tem a dizer. Elas sentirão que não têm motivos para perder o tempo delas ouvindo uma pessoa que não as cativou desde o começo.

Essa conquista inicial deve partir do objetivo de deixar as pessoas confortáveis e se sentindo valorizadas. Sim, é seu papel criar um ambiente acolhedor, como se as pessoas estivessem em suas casas. **Para isso, não inicie sua apresentação tratando de problemas.** Seu público pode sentir que você está ali para culpá-lo de algo, e não para propor soluções e entender como ele se sente.

Dessa maneira, no início da sua apresentação ou palestra, você deve criar conexão com seu público. **Primeiro, você precisa ganhar o coração das pessoas.** A partir dessa conexão emocional, as pessoas se abrirão para discutir questões mais racionais.

Lembre-se de ter em mente que, quando você vai fazer uma apresentação, **quem está ali, sentado para ouvir o que você tem a dizer, pensa: "O que você vai trazer de bom para mim?"** E isso precisa estar claro no início da sua apresentação ou palestra por meio dessa **conexão emocional, para que as pessoas não percam o interesse no que você tem a dizer.** Sem essa conexão, as pessoas não querem mais ouvi-lo, então partem para outros interesses, mexem no celular, no computador, saem da sala, tiram um cochilo etc., e, com certeza, não é isso que você quer.

### MEMORIZAÇÃO: Lembre-se dos seguintes pontos:

| |
|---|
| Não inicie sua apresentação falando sobre problemas. |
| Você precisa ganhar o coração das pessoas. |
| Quem está ali sentado para ouvir o que você tem a dizer, está pensando: "O que você vai trazer de bom para mim?" |
| Faça conexão emocional, para que as pessoas não percam o interesse no que você tem a dizer. |

**Quadro 1** • Memorização: Início da apresentação, um momento crucial.

### Os slides em uma apresentação

Por mais que, atualmente, as pessoas utilizem slides em palestras e apresentações, às vezes, eles atrapalham. **Em geral, slides com muitas informações não são uma boa escolha,** eles **não devem estar ali para serem lidos pelo palestrante/vendedor,** mas para trazer algumas informações essenciais e impactantes para o público.

Então, ao construir uma apresentação com esse recurso, procure **utilizar apenas palavras-chave ou imagens para impactar as pessoas.** Lembre-se de que você deve trabalhar no nível emocional e, para isso, **você deve ser o foco,** a peça principal da apresentação, e não uma tela ou o conteúdo presente nela.

Para evitar ruído até mesmo na hora de passar de um slide para outro, aconselho-o a investir em um passador de slides para você ter controle e manter a atenção das pessoas em você. Afinal, passar os slides deve parecer algo natural na sua apresentação ou palestra, não um momento de distração, que criará um ruído, uma quebra de comunicação.

Por fim, busque **criar uma apresentação o mais *clean* possível, para o foco ser você e o que você tem a dizer ao seu público.**

**MEMORIZAÇÃO:** Lembre-se dos seguintes pontos:

| |
|---|
| Slides com muitas informações não são uma boa escolha. |
| Não devem estar ali para serem lidos pelo palestrante/vendedor. |
| Utilizar apenas palavras-chave ou imagens para impactar as pessoas. |
| Você deve ser o foco. |
| Seja o mais *clean* possível, para o foco ser você e o que você tem a dizer ao seu público. |

**Quadro 2** • Memorização: os slides em uma apresentação.

## Seja um contador de histórias

Histórias criam conexões. Então **um bom palestrante/vendedor precisa ser um bom contador de histórias.** Por meio delas, se bem contadas, as pessoas imaginam lugares, situações e, dessa forma, se aproximam de você. **Histórias**

**que estimulam a imaginação e afetam as pessoas são instrumentos de conexão entre o palestrante/vendedor e seu público.**

Sendo assim, **procure conhecer um pouco do perfil do seu público/cliente em cada apresentação também.** Assim, você será capaz de selecionar quais histórias poderá contar e de que maneira fará isso para que seu público, de alguma forma, se veja nelas e sinta que tem algo em comum com você. Ao sentirem isso, **as pessoas estarão mais abertas para ouvir, além das suas histórias**, todo o resto que você tem a dizer a elas.

**MEMORIZAÇÃO**: Lembre-se dos seguintes pontos:

| |
|---|
| Um bom palestrante/vendedor precisa ser um bom contador de histórias. |
| Histórias que estimulam a imaginação e afetam as pessoas são instrumentos de conexão entre o palestrante/vendedor e seu público. |
| Procure conhecer um pouco do perfil do seu público/cliente em cada apresentação. |
| As pessoas estarão mais abertas para ouvir, além das suas histórias. |

**Quadro 3** • Memorização: seja um contador de histórias.

## Conheça seu público/cliente

**Se para contar histórias que criem conexão com seu público, é preciso conhecê-lo,** isso vale para todo o planejamento de uma apresentação. **Ela deve ser adaptada ao público,** mesmo que, aparentemente, o objetivo e o conteúdo sejam os mesmos. Para pessoas com perfis diferentes, a maneira de conduzir uma apresentação também o será, ou seja, haverá pontos de contato diferentes.

Assim, **procure conhecer um pouco sobre os pensamentos, preocupações, pressões, desejos e sonhos do seu público/cliente.** Isso vai depender da faixa etária, da região onde ele mora, da cultura e da rotina que cada um vive. Sem esse conhecimento e sem um planejamento adequado a cada público, **pode haver um bloqueio,** que prejudicará a criação de conexão e o poder de escuta em relação ao que você dirá na sua apresentação.

### MEMORIZAÇÃO: Lembre-se dos seguintes pontos:

| |
|---|
| Para contar histórias que criem conexão com seu público, é preciso conhecê-lo. |
| Ela deve ser adaptada ao público. |
| Procure conhecer um pouco sobre os pensamentos, preocupações, pressões, desejos e sonhos do seu público/cliente. |
| Pode haver um bloqueio. |

**Quadro 4** • Memorização: conheça seu público/cliente.

### Desenvolva um olhar atento e verdadeiro

Assim como as histórias, **o olhar gera conexão.** Em uma apresentação, **um palestrante/vendedor que lê o tempo todo ou que tem um olhar perdido, não demonstra confiança ao seu público.** Além disso, **olhar para as pessoas com segurança e calma faz com que elas se sintam vistas.**

Nesse sentido, em suas apresentações, procure treinar um olhar que transmita calma e verdade para as pessoas, sem fixá-lo apenas para um lado da plateia, mas procurando contemplar todos que estão ali ouvindo o que você tem a dizer. **Um olhar verdadeiro gera conexão de verdade.** E conexão gera escuta!

### MEMORIZAÇÃO: Lembre-se dos seguintes pontos:

| |
|---|
| O olhar gera conexão. |
| Olhar perdido, vago, não demonstra confiança para o seu público. |
| Olhar para as pessoas com segurança e calma faz com que elas se sintam vistas. |
| Um olhar verdadeiro gera conexão. |

**Quadro 5** • Memorização: desenvolva um olhar atento e verdadeiro.

### Conheça a si mesmo e escolha as suas palavras

Uma palestra ou uma apresentação tem o objetivo de transformar positivamente as pessoas. Essa visão traz a importância de **saber o que será dito e como será dito.** Nesse sentido, muitas vezes, por não pararmos para refletir sobre nossas opiniões, nossos preconceitos, ou seja, não nos conhecermos, corremos o risco de falarmos algo que crie um bloqueio, e não uma transformação em nosso público.

Atualmente, muitas pautas sociais e culturais importantes são discutidas de modo aberto e, claro, nós temos o direito de concordar ou discordar de opiniões e de termos também a nossa opinião sobre diversos temas. Para além das opiniões, há também os preconceitos, que, invariavelmente, carregamos pela nossa criação e pela perpetuação social e cultural que acaba por nos afetar. Por isso, é preciso que nós, ao pensarmos sobre essas questões, **façamos uma reflexão e uma análise sobre o que pode e deve ser dito em uma apresentação para que ninguém se sinta ofendido ou desrespeitado.**

Há palestras que exigem que nossa opinião sobre algum assunto seja apresentada. No entanto, há outras em que não precisamos nos manifestar. Nesses casos, é essencial que tenhamos como **foco a transformação positiva que nossas palestras e apresentações devem provocar**, e não a obrigatoriedade de falar sobre nossas opiniões ou pensamentos deliberadamente só porque queremos nos expressar.

Para não criarmos um bloqueio com nosso público por uma opinião polêmica ou por um preconceito velado que, sem querer, podemos expressar, é preciso filtrar o que deve ou não ser dito. Que tipo de opinião é necessária, que tipo de brincadeira é adequada, que tipo de público aceita esta ou aquela fala. Esse filtro só funcionará com eficiência se você refletir e analisar a si mesmo e, a partir disso, escolher o que poderá utilizar ou não em suas apresentações.

A partir das tarefas propostas neste capítulo, espero que você seja capaz de planejar a sua apresentação da maneira adequada ao seu público, desenvolvendo as habilidades citadas e, principalmente, o autoconhecimento. Esse caminho para se tornar um bom palestrante/vendedor é essencial para que, ao longo do tempo, você sinta que está cada vez mais conectado ao seu público e seguro de si nas apresentações que preparará.

## MEMORIZAÇÃO: Lembre-se dos seguintes pontos:

| Saber o que será dito e como será dito. |
|---|
| Faça uma reflexão e uma análise sobre o que pode e deve ser dito em uma apresentação para que ninguém se sinta ofendido ou desrespeitado. |
| Foque na transformação positiva que nossas palestras e apresentações devam provocar. |
| É preciso filtrar o que deve ou não ser dito. |

**Quadro 6** • Memorização: conheça a si e escolha as suas palavras.

## [ORATÓRIA E APRESENTAÇÕES]

### Como evitar a ansiedade

A ansiedade nos tira do momento presente e nos leva para o momento futuro, colocando-nos em um limbo entre o agora e um possível depois, que traz medo, insegurança e preocupação. A ansiedade pode nos fazer também perder tempo, pensando no "e se" de eventos passados.

Em relação ao tempo pregresso, **aceitar** o que aconteceu é o caminho mais saudável para viver um presente tranquilo.

1. Procure um profissional psicólogo para ajudá-lo no tratamento da sua ansiedade.
2. Em relação ao **futuro,** devemos ter em mente que tudo é mudança, nada do que conhecemos hoje será o mesmo amanhã.
3. O que temos em nossas mãos é o **presente**.

ANTES REFLITA:

*"O mundo é mudança; a nossa vida é opinião."*

Marco Aurélio, *Meditações*, Livro IV, Parte 3.

4. Tudo o que temos é o **presente**, e a nossa capacidade de lidar com ele.

Por isso, os filósofos estoicos propõem que aproveitemos verdadeiramente a forma como as coisas acontecem, sem querer que as situações ocorram de maneira diferente.

**Viver no presente** nos deixa centrados no que podemos controlar, reduzindo as ansiedades e as preocupações em relação ao futuro.

**DICA BÔNUS**

Dias antes da sua apresentação, se GRAVE e ASSISTA! Aproveite a tecnologia para gravar e analisar sua performance. Isso lhe dará mais horas de treinos antes da apresentação final.

## ANTES REFLITA:

*"O presente sozinho não faz nenhum homem infeliz."*

Sêneca, Cartas de um Estoico, Volume I,
Carta V, *Sobre a virtude do filósofo.*

CAPÍTULO 3

# Como ficar na mente do cliente

Agora, vou mostrar a você como ficar na mente do cliente, assim, ele pensará na sua empresa e no seu produto ou serviço.

Proponho este exercício, pensando em grandes marcas de alcance internacional, que, ao fazerem publicações em suas redes sociais, não abordam seu público apresentando diretamente o que vendem, mas sim a que esse público terá acesso se adquirir seu produto ou serviço, isto é, qual experiência está por trás do que é vendido. A experiência é o que move uma decisão de compra e ela se baseia, antes de tudo, nos benefícios de determinado produto ou serviço.

Para que você possa fazer o mesmo na sua empresa, vou apresentar a Matriz de Atributos e Benefícios. Essa matriz ajudará você a listar os seus produtos ou os serviços que sua empresa oferece, e relacionar os atributos de cada um deles aos benefícios que podem trazer ao seu cliente.

| Matriz de Atributos e Benefícios | | |
|---|---|---|
| **Produto / Serviço** | **Atributo** | **Benefícios** |
| | | |
| | | |

**Tabela 1** • Matriz de Atributos e Benefícios.

É um exercício importante não apenas para apresentar ao seu cliente, mas para que você também tenha a dimensão das transformações que sua empresa pode realizar.

## ANTES REFLITA:

*"O que não beneficia a colmeia, não beneficia a abelha."*
Marco Aurélio, *Meditações*, Livro VI, Parte 54.

MÃO NA MASSA! SIGA O MESTRE:

## [NA MENTE DO CLIENTE]:

### A Matriz de Atributos e Benefícios

Para preencher essa matriz, siga os seguintes passos:

1. Liste todos os seus produtos ou serviços.

| Matriz de Atributos e Benefícios | | |
|---|---|---|
| **Produto / Serviço** | **Atributo** | **Benefícios** |
| Carro | | |

**Tabela 2** • Matriz de Atributos e Benefícios, ex.: Carro.

2. A partir disso, sobre cada um dos produtos/serviços, liste os atributos. Por exemplo, se você vende carteiras, liste os materiais que você utiliza, os espaços que ela oferece para guardar documentos, dinheiro etc.

| Matriz de Atributos e Benefícios | | |
|---|---|---|
| **Produto / Serviço** | **Atributo** | **Benefícios** |
| Carro | Porta-malas grande | |

**Tabela 3** • Matriz de Atributos e Benefícios, ex.: Carro.

3. Depois de listar todos os atributos, vamos aos benefícios. Eles são o grande triunfo, o que ficará na mente do seu cliente. Sendo assim, tudo de bom que envolve o seu produto precisa estar presente nessa matriz.

| Matriz de Atributos e Benefícios | | |
|---|---|---|
| **Produto / Serviço** | **Atributo** | **Benefícios** |
| Carro | Porta-malas grande | P/ atleta: cabem os equipamentos.<br>P/ família: cabem todas as malas.<br>P/ solteiro: cabe carne e cerveja para a praia. |

**Tabela 4** • Matriz de Atributos e Benefícios, ex.: Carro.

Ressalto que esse exercício pode ser feito para qualquer produto ou serviço e exige que você conheça profundamente o que você oferece ao mercado. Por fim, apesar de parecer um exercício simples, é muito importante, até mesmo para que você possa consultar e atualizar essa matriz sempre que se der conta de algum benefício que não havia se lembrado ou considerado antes.

Isso agregará mais valor ao que você oferece e poderá ser utilizado com todos os seus clientes antes, durante e depois de uma negociação. Sempre ofereça os benefícios, pois são eles que farão com que o seu cliente se imagine comprando o seu produto/serviço.

CAPÍTULO 4

# Como vender para pessoas que não querem comprar

"Quando você vende, você quebra a confiança. Quando você ensina, você constrói confiança." A partir dessa afirmação, começamos este capítulo. Pode não fazer sentido para você agora, mas, com certeza, ao final fará!

Vender, por si só, já é um desafio. Imagine, então, vender para alguém que não demonstra interesse pelo que você está oferecendo? Como clientes, acredito que todos nós já estivemos em uma situação em que nos sentimos incomodados quando um vendedor se aproximou de nós em uma loja, por exemplo, no momento em que estávamos "só olhando" uma arara de roupas ou uma prateleira de produtos. Como vendedores, conseguimos entender os desafios de conquistar clientes, ainda que não pareçam querer comprar nosso produto ou serviço, não podem ser deixados de lado.

Agora, pensando nisso, quero que você considere a seguinte situação: você se depara com a oportunidade de fazer uma apresentação do seu produto ou serviço para um estádio lotado de pessoas. Como você convenceria 100% do público a comprar o que você oferece?

Antes de iniciar, gostaria que você conhecesse uma pirâmide, conhecida como "Pirâmide de Chet Holmes", apresentada no livro *Máquina definitiva de vendas*, do autor Chet Holmes. Na base dela, temos 30% das pessoas desse estádio, que têm certeza que não estão interessadas, sendo quem já tem um produto semelhante ao seu e, portanto, não tem interesse em adquirir outro, ou então, quem está focado em outros interesses. Acima dessas, há mais 30% de pessoas que acreditam que não estão interessadas. Com elas, se você utilizar armas de persuasão, há a possibilidade de o "talvez" se transformar em um "sim", então considere esta possibilidade.

Mais acima, há também 30% de pessoas que não estão pensando nesse assunto. Com elas, o trabalho é de transformar o "não" em um "talvez" para, depois, considerar as chances de transformá-lo em um "sim". Dos 10% que restam, 7% são de pessoas que estão dispostas a ouvir, mas não necessariamente comprar. E os 3%, que são as mais disputadas estão comprando. Ou seja, esse número, essas pessoas são as que todos os vendedores querem, obviamente, o que faz com que a concorrência seja grande para conquistá-las e vender para elas.

Voltando para a nossa história do estádio, se pensarmos que a capacidade dele é de 42.000 pessoas, 3% representam 1.260 pessoas. Isso quer dizer que, no estádio em questão, há esse número de pessoas comprando outros produtos, não necessariamente concorrentes diretos do seu, porém comprando alguma coisa nesse espaço. Devido a tantas distrações desses 3%, convido você a pensar em como faria para atrair a atenção dos outros 97%.

Em primeiro lugar, pense que para vender, você precisa oferecer ao seu público uma mensagem de transformação, alguma informação de valor que dará a ele uma grande oportunidade. Para construir o seu discurso, entretanto, você precisa conhecer os interesses e as perspectivas desse público para que essa mensagem seja para ele algo que o faça entender que o seu produto ou serviço o levará a uma transformação. O caminho para fazer isso é pesquisar dados e informações que estejam conectados ao seu produto e também à sua audiência. A partir disso, você poderá fazer com que as pessoas parem de ouvir o que você tem a dizer, porque você trará na sua apresentação uma informação de impacto que, além de chamar a atenção, fará sentido na realidade de vida delas.

Contudo, chegar a essa informação de valor exige de você, vendedor, algumas habilidades. A primeira delas é entender de negócios relacionados à sua área, independentemente se você vende para empresas ou para pessoas físicas. Esse conhecimento ajudará você a argumentar e responder aos questionamentos do seu público.

Além disso, é importante você conhecer sobre o mercado do seu potencial cliente, saber todos os detalhes que puder, como, por exemplo, sobre os concorrentes da empresa para quem você quer vender. Se você vende para uma área específica que faz parte de uma empresa, você precisa conhecer sobre esse setor para que seu discurso esteja alinhado aos interesses dos potenciais clientes que são membros desse setor.

Por fim, é muito importante atentar-se para algo que, inclusive, já tratamos um pouco no capítulo "Torne-se um Vendedor Estoico": você deve conhecer a pessoa para quem vai oferecer seu produto ou serviço. Justamente para construir um discurso que atraia a atenção dela para o que você tem a dizer.

Desse modo, conseguindo construir essa mensagem de valor, o seu potencial cliente passará a olhar para você com um especialista na sua área e, ao compará-lo com seus concorrentes, você ocupará um lugar especial na mente dele. Tudo por conta da sua mensagem de transformação direcionada a ele, que lhe ensinou algo e o fez refletir sobre uma situação que ele nunca havia parado para pensar antes.

Pense ainda que, para transmitir a sua mensagem, você deve planejar estrategicamente como fará isso, se apenas verbalmente, se por meio de uma apresentação de slides ou com um vídeo, ou até mesmo uma mensagem de texto.

A prática da montagem dessa mensagem de transformação é considerada uma quarta coluna na Matriz de Atributos e Benefícios. A partir dela é que essa mensagem será construída, com informações e dados pesquisados e que farão tanto sentido para seu público que ele ouvirá o que você tem a dizer e não se esquecerá mais de você e da sua mensagem.

| Matriz Atributo e Benefícios + Mensagem de Transformação | | | |
|---|---|---|---|
| **Produto / Serviço** | **Atributo** | **Benefícios** | **Mensagem de Transformação** |
| Carro | Porta-malas grande | P/ atleta: cabem os equipamentos<br>P/ família: cabem todas as malas.<br>P/ solteiro: cabe carne e cerveja para a praia. | Você sabia que o motorista que for pego com bagagem fora do porta-malas, além de colocar a vida da família em perigo, perderá cinco pontos na carteira e terá que pagar multa?<br>Portanto, se você não possui um carro com porta-malas grande, terá que optar ou por alugar um veículo maior que comporte toda a bagagem da família ou por dividir a turma em carros menores, para acomodar tudo no lugar certo e com segurança! |

**Tabela 5** • Matriz de Atributos e Benefícios + Mensagem de Transformação, ex.: Carro + para a família.

Então, ainda que eu não saiba qual produto ou serviço você quer vender, sei de uma coisa e espero que você coloque em prática a partir do que apresentei neste capítulo. Uma das coisas mais estratégicas a se fazer para construir uma mensagem de valor é encontrar dados e informações de mercado para que o seu produto ou serviço seja mais importante aos olhos do seu público-alvo.

Para finalizar, com essa estratégia de pesquisa para construir uma mensagem de transformação, você será capaz de fazer qualquer apresentação com mais segurança de que a pessoas pararão para ouvir o que tem a dizer, porque o mais importante você já vai fazer, que é ensinar-lhes algo sobre elas mesmas e sobre o seu produto, ou serviço, que elas não conheciam. No fim, fará todo o sentido e será marcante, a ponto dessa mensagem permanecer no pensamento delas e você ser visto como um especialista no assunto de que fala.

## ANTES REFLITA:

*"São três as partes das quais você é composto:*
*corpo, alma e inteligência. Destas, as duas primeiras*
*lhe pertencem na medida em que lhe cabe se ocupar delas;*
*somente a terceira é propriamente sua."*

Marco Aurélio, *Meditações*, Livro XII, Parte 3.

MÃO NA MASSA! SIGA O MESTRE:

## [QUEM NÃO QUER COMPRAR]:

### A Matriz de Atributos e Benefícios com a "Mensagem de Transformação".

Para preencher essa matriz, siga os seguintes passos:

1. Liste todos os seus produtos ou serviços.
2. A partir disso, sobre cada um deles, liste os atributos.
3. Pesquise dados de mercado e construa a sua "Mensagem de Transformação".

| Matriz Atributo e Benefícios + Mensagem de Transformação | | | |
|---|---|---|---|
| Produto / Serviço | Atributo | Benefícios | Mensagem de Transformação |
| | | | |
| | | | |

**Tabela 6** • Matriz de Atributos e Benefícios + Mensagem de Transformação.

CAPÍTULO 5

# Introdução a neurovendas

## NEUROVENDAS

### ANTES REFLITA:

*"Em uma conversa, devemos dar atenção ao que é dito, assim como refletir sobre o efeito de cada ato. Neste último caso, olhe adiante para as consequências; com relação às palavras, fique atento aos seus significados."*

Marco Aurélio, *Meditações*, Livro VII, Parte 4.

Sabemos já há alguns anos que, ao falar em decisões de compra, 85% e 90% delas são feitas por impulso. Essa informação é essencial para falarmos de neurovendas e de como você, como vendedor, pode afetar seus clientes e levá-los a comprar o que você oferece. No entanto, antes de falar de resultados e performances em vendas, é preciso entender a definição do assunto tratado neste capítulo.

Neurovendas é a programação de neurolinguística e neurociência aplicada a vendas. Ela visa ajudar os vendedores a gerir estados emocionais, ter mais foco e estabelecer planos consistentes para conseguir evitar experiências em que você tem resultados inadequados ou em que se sente sem recursos para lidar com determinadas situações.

Contudo a ideia é não apenas auxiliar em estratégias para serem aplicadas em situações com cliente com o objetivo de melhorar os resultados e a sua performance em vendas, mas também ajudar a melhorar a sua autogestão e autoliderança aplicada a vendas. Isso porque, quando pensamos que pelo menos 85% das compras são realizadas por impulso, estamos diante do fato de as pessoas serem levadas por suas emoções. Nesse sentido, é papel do vendedor, em primeiro lugar, saber gerir as suas emoções para também conseguir criar um ambiente que ajude a construir uma conexão emocional com os seus clientes.

O profissional da área de vendas precisa se blindar de questões externas, não pode ser refém de situações e circunstâncias e deixá-las afetar negativamente suas emoções. Um dos grandes recursos que temos em neurovendas é ter foco no seu objetivo. Com foco, você consegue visualizar o que quer e se comportar nessa direção, agir, para, por fim, alcançar os resultados que busca. Pensando nisso, o objetivo deste capítulo é oferecer recursos para que você se mantenha firme no seu foco, ou volte a ele, quando eventualmente se sentir perdido.

Um dos pressupostos da neurovendas é de que seu cérebro é moldado pelo uso, ou seja, é preciso trabalhar a sua mente na direção que você quer, pensando até onde você quer chegar, para que seu cérebro, a cada dia, gaste menos energia, fortalecendo recursos que você mais usa para se transformar no vendedor que você busca ser.

Olhando para as vendas em si, é preciso entender que mais do que vender e cumprir metas, vender é saber se relacionar. Então, ao olhar e melhorar a sua maneira de lidar com seus pensamentos e emoções, o seu foco deve ser conectar-se com pessoas, entender as necessidades delas para, depois, oferecer benefícios do seu produto.

Logo, tenha em vista que é preciso olhar para si para ser capaz de conseguir se transformar em um vendedor que se conecte de fato com seus clientes para realizar vendas e gerar os resultados esperados.

## A IMPORTÂNCIA DOS SENTIDOS PARA A PERSUASÃO

Para persuadir uma pessoa a fazer algo, é preciso que estejamos próximos da maneira como ela processa as informações. Por isso, é preciso adaptar a nossa forma de pensar para sermos capazes de criar relações de confiança e influenciar os nossos clientes e as pessoas com quem precisamos lidar. Nessa perspectiva, podemos falar em *metaprogramas*, que dizem respeito à maneira como as pessoas processam as informações, e podem ser observados a partir da linguagem e do comportamento delas. Dessa forma, como vendedores, nosso papel é combinar o nosso metaprograma com o da pessoa para quem queremos vender. Se usarmos, então, uma linguagem que esteja de acordo com o metaprograma do outro, a conexão com ele será muito mais fácil de ser construída.

As pessoas são muito diferentes e, ao analisar os metaprogramas, temos pessoas que são mais proativas, tomam a iniciativa e agem nas situações que se apresentam. Já outras são reativas, esperam que outros tomem atitudes e demoram um pouco mais para agir. Há outras que têm um padrão de aproximação, elas se concentram nos seus objetivos e são motivadas pelos resultados. As pessoas com padrão de afastamento são mais focadas nos problemas que devem evitar, não nos seus objetivos. Quem tem padrão interno toma as decisões por conta própria, e quem tem padrão externo busca orientação de fora antes de tomar uma decisão.

Há ainda pessoas que têm padrão de opções, que querem ter possibilidades de escolha e são ótimas para criar alternativas quando precisam tomar uma decisão. Diferente das que têm o padrão de procedimentos, que costumam seguir uma série fixa de etapas. O padrão geral se refere a quem não se apega aos detalhes, e quem é do padrão específico, importa-se com esses detalhes, deixados de lado pelo grupo anterior. Quem tem o padrão de semelhança costuma observar pontos em comum quando precisam comparar situações ou produtos, em oposição a quem tem o padrão da diferença, que observa os pontos discrepantes ao fazerem uma comparação.

| **Matriz de Metaprogramas [Maneira como as pessoas processam as informações]** | |
|---|---|
| **Metaprograma [Existem pessoas que são:]** | **Como identificá-las** |
| Proativas | Tomam a iniciativa e agem nas situações que se apresentam. |
| Reativas | Esperam que outros tomem atitudes e demoram um pouco mais para agir. |
| Padrão de aproximação | Concentram-se nos seus objetivos e são motivadas pelos resultados. |
| Padrão de afastamento | São mais focadas nos problemas que devem evitar, não nos seus objetivos. |
| Padrão interno | Tomam as decisões por conta própria. |
| Padrão externo | Buscam orientação de fora antes de tomar uma decisão. |
| Padrão de opções | Querem ter possibilidades de escolha e são ótimas para criar alternativas quando precisam tomar uma decisão. |
| Padrão de procedimentos | Costumam seguir uma série fixa de etapas. |
| Padrão geral | Refere-se a quem não se apega aos detalhes. |
| Padrão específico | Importam-se com esses detalhes deixados de lado pelo grupo anterior. |
| Padrão de semelhança | Costumam observar pontos em comum quando precisam comparar situações ou produtos. |
| Padrão da diferença | Observam os pontos discrepantes quando fazem uma comparação. |

**Tabela 7** • Matriz de Metaprogramas [Maneira como as pessoas processam as informações].

Ao tratar dos padrões de convencimento, eles se referem aos canais utilizados de acordo com as características das pessoas, isto é: o visual, das pessoas que precisam ver para acreditar; auditivo, das pessoas que precisam ouvir; leitura, das pessoas que precisam ler, e fazer, das pessoas que precisam agir.

| Matriz de Metaprogramas [Padrões de convencimento] | |
|---|---|
| **Padrões de Convencimento** | **Como se comportam** |
| Visual | Pessoas que precisam ver para acreditar. |
| Auditivo | Pessoas que precisam ouvir. |
| Leitura | Pessoas que precisam ler. |
| Fazer | Pessoas que precisam agir. |

**Tabela 8** • Matriz de Metaprogramas [Padrões de convencimento].

Além disso, é preciso considerar também o modo de convencimento de cada um. Eles podem ser os seguintes:

- ☑ Número de exemplos: são pessoas que precisam receber informações algumas vezes antes de tomarem uma decisão.
- ☑ Automático: neste padrão, as pessoas podem receber uma informação parcial para estarem dispostas a tomar uma decisão.
- ☑ Consistente: pessoas que têm este padrão precisam receber informação o tempo todo e exemplo específico para tomarem uma decisão.
- ☑ Período de tempo: para essas pessoas, a informação precisa permanecer consistente por um tempo para tomarem uma decisão.

Ao pensarmos em persuasão, a ideia é que você, como vendedor, procure observar e identificar em qual padrão ou padrões são apresentados por seus clientes. Para assim saber como construir uma relação com eles que dialogue com o padrão de cada um.

| Matriz de Metaprogramas [Modo de convencê-los] | |
|---|---|
| **Como decidem** | **Modo de convencê-los** |
| Número de exemplos | São pessoas que precisam receber informações algumas vezes, antes de tomarem uma decisão. |
| Automático | As pessoas podem receber uma informação parcial para estarem dispostas a tomar uma decisão. |
| Consistente | Pessoas que têm este padrão precisam receber informação o tempo todo e exemplo específico para tomarem uma decisão. |
| Período de tempo | Para essas pessoas, a informação precisa permanecer consistente por um tempo para tomarem uma decisão. |

**Tabela 9** • Matriz de Metaprogramas [Padrões de convencimento].

## [METAPROGRAMAS]:

A Matriz de Metaprogramas

Para preencher essa matriz, siga os seguintes passos:

1. Identifique a maneira com que seus clientes processam as informações [metaprograma].
2. Identifique quais são os padrões de convencimento.
3. Identifique o modo de convencê-los.

| Matriz de Metaprogramas | | | |
|---|---|---|---|
| **Nome do Cliente** | **Metaprograma [Proativo, reativo etc.]** | **Padrão de convencimento [Visual, auditivo etc.]** | **Como decidem [Número de exemplos, automático etc.]** |
| | | | |
| | | | |
| | | | |

**Tabela 10** • Matriz de Metaprogramas.

## COMO CRIAR UMA CONEXÃO COM SEUS CLIENTES

Criar uma conexão com um cliente é essencial para que a comunicação com ele seja efetiva. Dessa maneira, é preciso que **as pessoas com quem você esteja negociando vejam em você alguém familiar**, que tenha um jeito de falar, de se movimentar e de se comunicar parecido com o delas. É isso que precisa ser construído!

Para isso, não apenas o seu comportamento precisa ser trabalhado para ser parecido com o da pessoa, mas **o ambiente precisa contribuir para que ela se sinta acolhida**. A conexão — o *rapport* com seu cliente — pode ser construída com cada cliente, mesmo que, obviamente, um seja diferente do outro. Isso é feito a partir da sua observação cuidadosa.

A partir dessa observação, você poderia equiparar-se ao seu cliente por meio do uso de um tom de voz parecido, uma linguagem que seja adequada à que ele também usa, dos movimentos corporais, do olhar. Se o cliente é mais descontraído, procure espelhar esse comportamento. Da mesma forma, se a pessoa é mais sóbria e séria, busque espelhar essa maneira de se comportar. **Todo esse trabalho, se colocado em prática, faz com que a pessoa se identifique com você**, o que também contribui para que ela goste e confie no que você falar para ela. Essa conexão será decisiva para você fechar o seu negócio.

**MEMORIZAÇÃO**: **Lembre-se dos seguintes pontos:**

| |
|---|
| As pessoas com quem você está negociando devem ver em você alguém familiar. |
| O ambiente precisa contribuir para que ela se sinta acolhida. |
| Todo esse trabalho, se colocado em prática, faz com que a pessoa se identifique com você. |

**Quadro 7** • Memorização: como criar uma conexão com seus clientes.

## NEURÔNIO-ESPELHO

Este termo se relaciona a uma tendência comportamental. Isso porque somos repetidores dos comportamentos alheios e isso acontece como um modo de sobrevivência, para que poupemos energia e sejamos capazes de aprender novas situações e socializar.

Em vendas, o neurônio-espelho relaciona-se à nossa ação involuntária de querer fazer parte de um grupo. Pessoas bem-vestidas, que demonstram estar felizes e pareçam bem-sucedidas, tendem a ser imitadas. Então é esse tipo de estratégia que você deve usar ao explicar sobre ou mostrar o seu produto, ou seja, é importante relacioná-lo a características e comportamentos que agradem o seu público-alvo, para que ele seja afetado por essa vontade de fazer parte de um grupo. Assim, ele será levado a se decidir por comprar o que você oferece. Essa estratégia deve ser colocada em prática tanto em apresentações quanto em campanhas de marketing de uma marca.

**MEMORIZAÇÃO: Lembre-se dos seguintes pontos:**

| A pessoa com quem você está negociando deve ver em você alguém familiar. |
|---|
| O ambiente precisa contribuir para que ela se sinta acolhida. |
| Todo esse trabalho, se colocado em prática, faz com que a pessoa se identifique com você. |

**Quadro 8** • Memorização: como criar uma conexão com seus clientes.

## AIDA – ATENÇÃO, INTERESSE, DESEJO E AÇÃO

AIDA é o que chamamos dos pontos pelos quais o cliente passa em sua jornada de compra. E ela se inicia pela ***Atenção*** que uma marca ganha de um cliente, no momento em que ele para e olha para um produto ou serviço. Então, é o primeiro contato que um cliente tem com um produto ou serviço. Depois de ter a atenção do cliente, uma marca deve fazer todo o possível para gerar e manter o ***Interesse*** desse cliente. É o momento de mostrar os benefícios que sua marca tem a oferecer por meio dos seus produtos, suas vantagens.

Ao gerar e manter o interesse do seu cliente, o próximo passo é fazer com que ele sinta **Desejo**, isto é, que ele queira o seu produto ou serviço, uma vez que já sabe quais soluções ele traz e os benefícios oferecidos. Neste momento, o cliente já gosta e quer o seu produto ou serviço. A última etapa é a ***Ação***, que leva o cliente a de fato decidir pela compra, uma vez que ele já gosta e quer seu produto.

Ao analisar o que apresentamos sobre como persuadir seus clientes a partir da compreensão de seus padrões de comportamento, sobre os neurônios-espelho e sobre a AIDA, ou seja, a jornada de compra, já é possível colocar em prática diversas ações no seu trabalho como vendedor. Entretanto ainda falaremos sobre outras questões que precisam ser consideradas.

**MEMORIZAÇÃO: Lembre-se dos seguintes pontos:**

| |
|---|
| **A** = Atenção, é o primeiro contato que um cliente tem com um produto ou serviço. |
| **I** = Interesse, momento de mostrar os benefícios que sua marca tem a oferecer por meio dos seus produtos, suas vantagens. |
| **D** = Desejo, fazer com que ele queira o seu produto ou serviço, uma vez que já sabe quais soluções ele traz e os benefícios oferecidos. |
| **A** = Ação, leva o cliente a de fato decidir pela compra, uma vez que ele já gosta e quer seu produto. |

**Quadro 9** • Memorização: Atenção, Interesse, Desejo e Ação (AIDA).

## GATILHOS MENTAIS

Os gatilhos mentais se relacionam às decisões que nosso cérebro toma de maneira mais automática, para que não fiquemos esgotados diante de tantas decisões que precisam ser tomadas ao longo de um dia. Em vendas, acessar esses gatilhos pode facilitar o processo de decisão dos seus clientes.

Alguns gatilhos que você pode utilizar com o seu público são:

- ☑ Escassez, que demonstra que o seu produto ou serviço não é abundante, para gerar no seu cliente o desejo de adquiri-lo de imediato. Afinal, ele logo vai acabar.
- ☑ Urgência, que gera a necessidade do indivíduo de tomar uma decisão de compra porque ela logo se extinguirá, como no caso de promoções, por exemplo.
- ☑ Autoridade, que faz o cliente querer comprar por entender que quem está vendendo, seja o próprio vendedor ou uma marca, é uma autoridade no assunto de que está falando.

- ☑ Reciprocidade, que é o sentimento de que, ao comprar, o cliente está ganhando algo da empresa, e não apenas investindo um dinheiro para a aquisição de um produto ou serviço, como um brinde ou um desconto em uma próxima compra.
- ☑ Prova Social, que demonstra que as pessoas gostam do produto ou serviço que você oferece, e isso pode ser conhecido por meio de depoimentos de clientes que falem bem da sua marca, de números de pesquisas que demonstrem que seu produto tem sido muito vendido e agradado ao seu público.
- ☑ Antecipação, que adianta, por exemplo, o lançamento de um produto novo por meio de campanhas que contem, aos poucos, os benefícios dele semanas ou meses antes de ele ser de fato lançado.
- ☑ Novidade, que ativa a vontade que as pessoas têm por algo novo. Isso pode ser feito por meio da atualização constante da sua vitrine de produtos, sempre uma novidade que seu cliente vai querer conhecer e adquirir.
- ☑ Relação Dor X Prazer, é um tipo de gatilho que apresenta uma dor do seu cliente que será solucionada pelo seu produto ou serviço.
- ☑ Descaso, é um gatilho que mostra para o cliente que ele se beneficiará mais do que você, caso opte por comprar o que você oferece.
- ☑ Paradoxo da escolha, relaciona-se à questão das opções de produtos ofertados. Se você oferecer muitas opções, pode deixar o cliente em dúvida e ele pode, inclusive, não se decidir. Ao contrário, ao apresentar menos opções, você minimiza a dúvida e potencializa a chance de uma decisão ser tomada.

Estes são alguns dos gatilhos mentais que podem ser utilizados. É importante analisar cada um e definir qual será ou quais serão mais eficientes para as suas vendas, considerando as especificidades do seu público.

**MEMORIZAÇÃO:** Lembre-se dos seguintes pontos:

| |
|---|
| Escassez, demonstrar que o seu produto ou serviço não é abundante. |
| Urgência, gerar a necessidade do indivíduo de tomar uma decisão. |
| Autoridade, mostrar que é uma autoridade no assunto de que está falando. |
| Reciprocidade, o sentimento de que, ao comprar, o cliente está ganhando algo da empresa. |
| Prova Social, demonstrar que as pessoas gostam do produto ou serviço. |
| Antecipação, adiantar, por exemplo, o lançamento de um produto novo. |
| Novidade, ativar a vontade que as pessoas têm por algo novo. |
| Relação Dor X Prazer, apresentar uma dor do seu cliente. |
| Descaso, mostrar para o cliente que ele se beneficiará mais do que você. |
| Paradoxo da escolha, minimizar a dúvida e potencializar a chance de uma decisão ser tomada. |

**Quadro 10** • Memorização: gatilhos mentais.

## VIESES COGNITIVOS QUE INFLUENCIAM A MENTE DO SEU CLIENTE

Quando tratamos da mente humana, como já dissemos, nosso cérebro tende a nos levar a tomar decisões para que nós poupemos energia e busquemos nos manter vivos. Desse modo, os vieses cognitivos são atalhos que o cérebro usa no processo de tomada de decisão. Contudo, em algumas situações, esses mesmos atalhos podem colocar as pessoas em situações desfavoráveis. Vamos entendê-los melhor a seguir.

**Viés de ancoragem:** Ele é um viés que se relaciona à tendência que as pessoas têm de se "ancorarem" em referências já conhecidas; informações que já viu ou ouviu.

**Disponibilidade heurística:** Tendência das pessoas a supervalorizar a informação que está disponível, seja ela verdadeira ou falsa. Considerando o mundo tecnológico em que vivemos, a disponibilidade de informações é infinita e pode levar as pessoas a julgarem erroneamente o que chega até elas.

**Efeito Bandwagon:** É um viés que demonstra a tendência que as pessoas têm de acreditarem em informações que muitas pessoas repetem por também acreditarem. É, portanto, uma forma poderosa de pensamento de grupo, que pode, dependendo da situação, ser positiva ou negativa.

**Viés pró-escolha:** É a tendência de achar que as escolhas feitas foram as melhores possíveis, mesmo que não tenham sido.

**Ilusão de agrupamento:** Tendência de ver padrões em eventos aleatórios, que podem também ser manipulados.

**Viés de confirmação:** Tendência de ouvir informações que confirmem nossos preconceitos e nossas crenças.

**Viés de conservadorismo:** É a tendência das pessoas a fazerem sempre as mesmas coisas, alinhadas às suas crenças, que podem ser limitantes. É um viés que atrapalha muitos processos que precisam ser mudados.

**Excesso de confiança:** É um viés perigoso quando tomamos decisões acreditando que tudo dará certo, com uma confiança que pode não considerar os possíveis riscos.

**Viés pró-inovação:** É a tendência oposta à do conservadorismo. Neste caso, há uma supervalorização da mudança e da inovação, sem limites.

**Percepção seletiva:** Tendência de percebermos mais os outros e suas atitudes, sejam elas acertadas ou não, do que a nós mesmos.

Esses são alguns dos vieses cognitivos que precisamos considerar ao pensar tanto em nós mesmos, em um sentido de autoanálise, quanto em nossos clientes. Um viés em si não é necessariamente negativo, mas tudo vai depender da situação com a qual estamos lidando.

Passaremos agora para uma abordagem dos perfis de clientes que podemos encontrar em nossa vida de vendedores e como podemos lidar com cada um deles.

| Matriz de Vieses Cognitivos | |
|---|---|
| **Vieses** | **Como ele se apresenta no indivíduo** |
| Viés de ancoragem | É um viés que se relaciona à tendência que as pessoas têm de se "ancorarem" em referências já conhecidas; informações que já viu ou ouviu. |
| Disponibilidade heurística | Tendência das pessoas a supervalorizar a informação que está disponível, seja ela verdadeira ou falsa. Considerando o mundo tecnológico em que vivemos, a disponibilidade de informações é infinita e pode levar as pessoas a julgarem erroneamente o que chega até elas. |
| Efeito Bandwagon | É um viés que demonstra a tendência que as pessoas têm de acreditarem em informações que muitas pessoas repetem por também acreditarem. É, portanto, uma forma poderosa de pensamento de grupo, que pode, dependendo da situação, ser positiva ou negativa. |
| Viés pró-escolha | É a tendência de achar que as escolhas feitas foram as melhores possíveis, mesmo que não tenham sido. |
| Ilusão de agrupamento | Tendência de ver padrões em eventos aleatórios, que podem também ser manipulados. |
| Viés de confirmação | Tendência de ouvir informações que confirmem nossos preconceitos e nossas crenças. |
| Viés de conservadorismo | É a tendência das pessoas a fazerem sempre as mesmas coisas, alinhadas às suas crenças, que podem ser limitantes. É um viés que atrapalha muitos processos que precisam ser mudados. |
| Excesso de confiança | É um viés perigoso quando tomamos decisões acreditando que tudo dará certo, com uma confiança que pode não considerar os possíveis riscos. |
| Viés pró-inovação | É a tendência oposta à do conservadorismo. Neste caso, há uma supervalorização da mudança e da inovação, sem limites. |
| Percepção Seletiva | Tendência de percebermos mais os outros e suas atitudes, sejam elas acertadas ou não, do que nós mesmos. |

**Tabela 11** • Matriz de Vieses Cognitivos.

MÃO NA MASSA! SIGA O MESTRE:

## [VIESES COGNITIVOS]:

A Matriz de Vieses Cognitivos

Para preencher essa matriz, siga os seguintes passos:

1. Durante o contato com o cliente, observe-o atentamente.
2. Identifique quais são os vieses cognitivos.
3. Identifique como ele se apresentou.

| Matriz de Vieses Cognitivos | | |
|---|---|---|
| **Nome do Cliente** | **Vieses** | **Como ele se apresentou?** |
| | | |
| | | |
| | | |

**Tabela 12** • Matriz de Vieses Cognitivos.

# OS PERFIS DE CLIENTES E COMO LIDAR COM ELES

## ANTES REFLITA:

*"Você não deve acreditar nas palavras de homens irados, os quais falam em tom alto e ameaçador, enquanto a mente dentro deles é a mais tímida possível."*

Sêneca, *Sobre a Ira*, Livro I, 20.

☑ **Cliente desagradável**

O cliente desagradável costuma ser questionador e descrente, além de gostar de conversar.

A melhor atitude que você pode ter com esse tipo de cliente é ser breve e objetivo, demonstrando conhecimento sobre o seu produto ou serviço e mantendo a calma e a cordialidade.

☑ **Cliente silencioso**

Este tipo de cliente não conversa e não demonstra ter conhecimento sobre seu produto ou serviço. Ele se mantém sempre pensativo.

Com o cliente silencioso, a melhor forma de agir é tendo paciência e formulando questionamentos para tentar extrair dele suas dores e necessidades.

☑ **Cliente experimentado**

O cliente experimentado tem a tendência a negociar por melhores preços, além de se mostrar crítico, indiferente e pensativo.

Com ele, você deve demonstrar conhecimento do seu produto ou serviço e convicção do que fala.

☑ **Cliente indeciso**

É aquele cliente que tem medo de fazer uma escolha errada.

Você deve, então, ser moderado ao se expressar e dar exemplos de pessoas que demonstraram satisfação após comprarem o seu produto ou serviço.

☑ **Cliente nervoso**

É aquele cliente que ofende e não parece querer tomar uma decisão de fato.

Procure manter a calma, não encare a ofensa dele como algo pessoal e demonstre conhecimento e segurança ao apresentar o seu produto ou serviço.

☑ **Cliente dependente**

O cliente dependente é aquele inseguro e indeciso, que necessita de informações para decidir pela compra.

Com esse tipo de cliente, tenha firmeza e paciência e procure identificar qual é o bloqueio que ele tem para tomar a decisão de compra.

☑ **Cliente apressado**

Este cliente é impaciente e precipitado, do tipo que tira conclusões antes que você termine de falar.

Com ele, a melhor estratégia é ser objetivo ao falar, fazer perguntas e demonstrar confiança no que você está falando.

☑ **Cliente detalhista**

O cliente detalhista quer saber todas as informações possíveis do seu produto, gosta de negociar e está atento a tudo o que você diz.

A melhor forma de lidar com um cliente detalhista é fornecer informações precisas sobre seu produto ou serviço, a partir de argumentos lógicos e bem fundamentados em relação ao custo-benefício.

☑ **Cliente dono da verdade**

O cliente dono da verdade se julga superior e conhecedor, além de achar que está sempre certo. Ele não teme decisões por confiar no seu bom senso.

Com ele, você deve estimulá-lo a falar e permitir que ele tenha a sensação de estar no controle, mesmo que isso não seja verdade (e não deve ser).

☑ **Cliente bom de papo**

O cliente bom de papo gosta de conversar, mas se desvia com facilidade do objetivo da conversa, ou seja, a compra.

Com este tipo de cliente, você não deve se deixar envolver, isto é, não permita que ele desvie do foco da conversa. Conduza a negociação ao fechamento.

☑ **Cliente desconfiado**

Ele é frio e resistente à sua argumentação, tem medo de ser enganado e está sempre na defensiva.

Com ele, você não deve se deixar impressionar e se afetar pela sua frieza. Procure entender o motivo da sua desconfiança e demonstre ser um vendedor honesto e interessado.

☑ **Cliente de bom senso**

O cliente de bom senso é agradável, inteligente e educado.

A melhor estratégia, nesse caso, é fazer o que ele espera, ser eficiente e, como ele, educado e agradável.

| Matriz de Perfis de Clientes | |
|---|---|
| **Perfis de Clientes** | **Como lidar** |
| Cliente desagradável | A melhor atitude que você pode ter com esse tipo de cliente é ser breve e objetivo, demonstrar conhecimento sobre o seu produto ou serviço e manter a calma e a cordialidade. |
| Cliente silencioso | Com o cliente silencioso, a melhor forma de agir é tendo paciência e formulando questionamentos para tentar extrair dele suas dores e necessidades. |
| Cliente experimentado | Com ele, você deve demonstrar conhecimento do seu produto ou serviço e convicção do que fala. |
| Cliente indeciso | Você deve, então, ser moderado ao se expressar e dar exemplos de pessoas que demonstraram satisfação após comprarem o seu produto ou serviço. |
| Cliente nervoso | Procure manter a calma, não encare a ofensa dele como algo pessoal e demonstre conhecimento e segurança ao apresentar o seu produto ou serviço. |
| Cliente dependente | Com este tipo de cliente, tenha firmeza e paciência e procure identificar qual é o bloqueio que ele tem para tomar a decisão de compra. |
| Cliente apressado | Com ele, a melhor estratégia é ser objetivo ao falar, fazer perguntas e demonstrar confiança no que você está falando. |
| Cliente detalhista | A melhor forma de lidar com um cliente detalhista é fornecer informações precisas sobre seu produto ou serviço, a partir de argumentos lógicos e bem fundamentados em relação ao custo-benefício. |
| Cliente dono da verdade | Com ele, você deve estimulá-lo a falar e permitir que ele tenha a sensação de estar no controle, mesmo que isso não seja verdade (e não deve ser). |
| Cliente bom de papo | Com este tipo de cliente, você não deve se deixar envolver, isto é, não permita que ele desvie do foco da conversa. Conduza a negociação ao fechamento. |
| Cliente desconfiado | Com ele, você não deve se deixar impressionar e afetar pela sua frieza. Procure entender o motivo da sua desconfiança e demonstre ser um vendedor honesto e interessado. |
| Cliente de bom senso | A melhor estratégia, nesse caso, é fazer o que ele espera, ser eficiente e, como ele, educado e agradável. |

**Tabela 13** • Matriz de perfis de clientes.

MÃO NA MASSA! SIGA O MESTRE:

## [DESENVOLVA A SUA PERCEPÇÃO]:

### Desenvolva a sua percepção

A partir de tudo o que foi abordado em relação às características dos clientes, além dos gatilhos mentais e dos vieses cognitivos, é importante que você faça a sua tarefa cada vez que for apresentar o seu produto ou serviço. Por isso, tenha calma e desenvolva a habilidade de observar os seus clientes para entender como funciona a mente deles, com base em seu olhar, na sua linguagem corporal e verbal e no seu comportamento como um todo.

Isso permitirá a você saber como agir com cada um, para construir uma conexão e uma relação de confiança e, assim, fazer uma negociação eficiente e que traga bons resultados, não apenas na prospecção destes clientes, mas também nas vendas realizadas.

## A QUESTÃO DA PRECISÃO EM VENDAS

### ANTES REFLITA:

*"É um sinal de falta de intelecto gastar muito tempo com coisas relacionadas ao corpo, como se exercitar em excesso, comer e beber em demasia, e no desempenho de outras funções animais. Essas coisas devem ser feitas casualmente e nossa principal força deve ser aplicada à nossa razão."*

Epicteto, *Encheiridion*, 41.

A precisão é uma característica essencial para quem trabalha com vendas. Ela se relaciona à habilidade de falar o que precisa ser dito. Em uma realidade em que somos bombardeados de informações o tempo todo, alguns clientes que encontramos sequer sabem dos problemas que têm e, portanto, também não sabem do que precisam para solucioná-los. Há, no entanto, outros clientes que sabem do seu problema e como solucioná-lo, e vão atrás disso, analisando o seu produto ou serviço e também o dos seus concorrentes. Assim decidem quem tem a melhor solução para eles. Por fim, há ainda aqueles que, mesmo sabendo que têm um problema, procrastinam a resolução dele.

Independentemente de qual cliente você encontrar pela frente, ser preciso é uma característica essencial. O caminho para essa precisão ser colocada em prática se inicia com o estabelecimento de uma conexão com seu cliente, como já falamos, e, depois, com a abordagem do problema deste e da solução que você oferece.

A partir da compreensão dessa necessidade de precisão, vamos agora ao entendimento do que é *Neurocopy*, também chamado de *copywriting*, um método de comunicação persuasivo. Na prática, ele precisa apresentar, seja em um texto escrito ou falado, as palavras corretas para que você se comunique com o seu público e o leve a se engajar para uma tomada de decisão. Para tornar seu discurso eficiente, é necessário estudar seu público para conhecê-lo. Nesse estudo, você deve saber: qual é a profissão do seu cliente? Em que área do mercado ele atua? Qual é o gênero, a idade, a renda dele? E quais os meios que ele utiliza para consumir conteúdo (redes sociais, e-mail, aplicativos de mensagens)?

Além disso, busque conhecer os sonhos dele, as dificuldades que enfrenta. Sabendo disso, será possível apresentar um caminho para solucionar os problemas dele, utilizando a linguagem adequada para afetá-lo a partir de suas características. Logo, considerando o perfil do seu público, você poderá escolher quais gatilhos mentais poderão ser utilizados para chamar a atenção do seu público para o que você oferece.

## ANTES REFLITA:

*"Os oradores ficam ansiosos para falar de justiça, mas não para agir de acordo com ela."*

Diógenes Laércio, *As vidas e opiniões de filósofos eminentes*, Livro VI, 2, 4.

Neste capítulo, foi possível entender melhor como as pessoas são diferentes e, por isso, devemos, como vendedores, aprender a observá-las para lidar com elas da maneira mais adequada a cada uma. Desse modo, fique atento para não se deixar tomar pelas emoções no momento de oferecer um produto ou serviço. Ative a sua racionalidade para analisar o seu público, não apenas como um grupo de pessoas, mas cada cliente. Esse olhar atento e detalhista será importante para que você saiba como se comportar, como falar, como se movimentar, como olhar. Além disso, apesar de o objetivo ser o mesmo, ou seja, vender o seu produto ou serviço, há um caminho que precisa ser percorrido por você antes de falar diretamente sobre o assunto principal.

É essencial que você, então, observe padrões e comportamentos de seus clientes, identifique e determine qual é a melhor forma de se comunicar com eles, busque criar uma conexão para que eles confiem em você. Depois disso, de ter construído essa relação de confiança, você abordará o assunto principal, ou seja, o produto ou serviço que você quer vender. Perceba que mais importante do que chegar apresentando o que você oferece, é se relacionar com seu cliente, para que ele se sinta visto e compreendido, para que ele confie que você, de fato, consegue resolver uma dor, um problema dele e ele pode acreditar no que você dirá, pois não será enganado.

Portanto, para finalizar, entenda que mais do que vender, o seu papel como profissional de vendas é saber construir boas relações com o seu público.

CAPÍTULO 6

# *Cross-selling* e *up-selling*

Antes de falar destas técnicas que podem realmente colocar muito mais dinheiro na sua empresa e na sua conta bancária, nós precisamos adverti-lo sobre uma máxima que rodeia os vendedores: "O sucesso". Quando experimentamos o sucesso, devemos tratar de não deixar que ele nos mude. Necessitamos viver uma vida virtuosa, buscando o desenvolvimento constante das quatro virtudes cardeais.

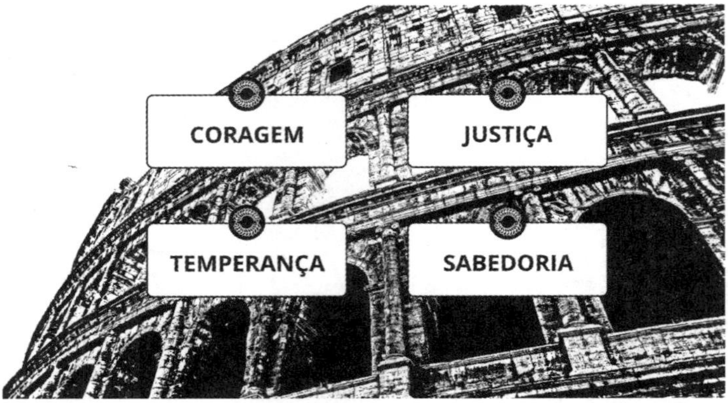


**Figura 16** • Quatro virtudes cardeais do estoicismo.

É comum vendedores e empreendedores que já possuem uma carteira de clientes consolidada acharem que já estão bem-sucedidos e, infelizmente, "o sucesso" acaba subindo à cabeça, deixando de lado o desenvolvimento constante da razão. Nossa profissão é uma das que mais podem gerar riqueza, mas nunca se esqueça de que a "*pecúnia*", não pode mudar o seu compromisso com o desenvolvimento da sabedoria, justiça, coragem e temperança.

## ANTES REFLITA:

> *"Apague as ideias imaginárias e diga,*
> *muitas vezes, a si mesmo:*
> *'Agora está em meu poder preservar minha*
> *alma livre de toda maldade, de toda luxúria,*
> *de toda confusão ou perturbação.*
> *E então, quando eu realmente discernir a*
> *natureza das coisas, posso usar a todas na*
> *devida proporção'. Esteja sempre atento a*
> *este poder que a Natureza lhe deu..."*
>
> Marco Aurélio, *Meditações*, Livro VIII, Parte 29.

Segundo o economista americano Philip Kotler, conquistar um novo cliente custa entre cinco a sete vezes mais do que manter um atualmente da sua carteira. Ou seja, tem muito dinheiro na sua carteira de clientes? Por que você está focando somente a prospecção e aquisição de novos clientes?

Quando falamos em vendas, existem duas técnicas muito boas, chamadas *cross-selling* e *up-selling*, as quais explicaremos como funcionam e quais benefícios e vantagens podem trazer para a sua empresa e também para os seus clientes.

Para começar, *cross-selling* é o tipo de venda chamada de cruzada. Na prática, ela significa o oferecimento de produtos e serviços complementares aos que seus clientes adquirem e pode ser feita na fase de pré-venda, durante a venda ou no pós-venda.

No *cross-selling*, se você trabalha com produtos, como, por exemplo, itens de papelaria, ela funciona da seguinte forma. Imagine que o seu cliente vai à sua loja física ou virtual em busca de um caderno. Como produto complementar ao caderno, você pode oferecer uma caneta, um lápis, um marca-texto, por exemplo, por um preço especial se ele optar por comprar esses produtos ao mesmo tempo. Dessa forma, você consegue vender mais e seu cliente também obtém um benefício (o desconto) para adquirir um complemento ao caderno que ele buscou inicialmente.

| Matriz de *Cross-selling* | |
|---|---|
| **Produto / Serviço** | ***Cross-selling* (complemento)** |
| Caderno | Caneta |
| Caderno | Lápis |
| Caderno | Marca-texto |

**Tabela 14** • Matriz de *Cross-selling*.

No caso do oferecimento de serviços, é possível também a estratégia do *cross-selling*. Como exemplo, podemos citar serviços de manutenção de carros em que, ao abastecer o seu carro, você pode adquirir a troca de óleo também, pagando um preço melhor.

| Matriz de *Cross-selling* | |
|---|---|
| **Produto / Serviço** | ***Cross-selling* (complemento)** |
| Abastecer carro | Troca de óleo |
| Abastecer carro | Troca de filtro |

**Tabela 15** • Matriz de *Cross-selling*.

Esse tipo de estratégia é muito visto também no *e-commerce* quando, ao escolher um produto, outros, complementares a eles, são oferecidos como sugestões aos usuários. Vale ressaltar que o *cross-selling* se aplica à venda de produtos e serviços complementares, ou seja, que se relacionam ao produto ou serviço que seu cliente está buscando comprar. Uma dica para a prática do *cross-selling* é oferecer poucos produtos complementares para não gerar uma gama de opções muito grandes, que podem levar os clientes a ficarem em dúvida e não optarem por nenhum deles.

São diversas as vantagens dessa técnica. A primeira delas é você oferecer soluções mais completas, isto é, entregar algo a mais para o seu cliente, para além daquilo que ele estava comprando inicialmente. Naturalmente, isso se converte em uma vantagem para a sua empresa também no aumento do seu *ticket* médio.

A segunda vantagem é o custo-benefício. Como cliente, ao optar por comprar mais de um produto ou serviço, você pode negociar mais descontos. Como vendedor, obviamente, o resultado é o maior número de produtos ou serviços vendidos.

O *cross-selling* também é uma maneira de agregar valor ao que você oferece, uma vez que seu cliente enxergue que você não apenas entrega o básico que ele quer ou precisa, mas algo a mais, como afirmado anteriormente, aumenta as chances de fidelização desse cliente. Ele buscará a sua empresa quando precisar tanto do produto inicial quanto de outros produtos complementares, já que ele sabe que você oferece isso e sempre está em busca de entregar mais do que o básico a ele. Sendo assim, a experiência de compra é muito melhor.

Mais um ponto positivo do *cross-selling* é a possibilidade de, ao oferecer esses produtos complementares, você movimentar o seu estoque, agregando-os aos produtos de maior saída na sua empresa. Por exemplo, se você vende calçados, mas também oferece meias e percebe que elas têm baixa saída, pode fazer uma promoção em que, na compra de um calçado e de uma meia, o cliente paga um valor específico — mais vantajoso. Como resultado, você passa a ter domínio efetivo de todo o seu leque de produtos e serviços, além de gerar novas oportunidades de vendas.

Já o *up-selling* é a técnica de oferecer produtos atualizados ou uma versão mais sofisticada de um produto ou serviço. Um exemplo é o dos smartphones, que constantemente atualizam os modelos de aparelhos e oferecem isso aos seus clientes. Nas plataformas de *streaming* isso também pode ser visto, já que elas oferecem aos seus clientes planos do mesmo serviço com mais benefícios.

| **Matriz de *Up-selling*** | |
|---|---|
| **Produto / Serviço** | ***Up-selling* (complemento)** |
| Smartphone versão 1 (ano 01) | Smartphone versão 2 (ano 02) |

**Tabela 16** • Matriz de *Up-selling*.

Ressaltamos mais uma vez que tanto o *cross* quanto o *up-selling* são técnicas que se aplicam do pré-venda ao pós-venda.

Todavia, destacamos e alertamos que as duas técnicas apresentadas não têm nada a ver com a Venda Casada, que é ilegal, e definida quando uma empresa vincula a venda de um produto ou serviço a outro produto ou serviço de forma obrigatória. Ou seja, nesse tipo de venda, a empresa só vende esses produtos juntos, condicionando, portanto, seu cliente a comprar mais de um produto, mesmo que ele não opte por isso. Venda Casada não é uma vantagem para o cliente, apenas para a empresa. Essa prática deve ser denunciada ao Procon por se tratar, como dissemos, de uma prática ilegal.

Por fim, afirmamos que *cross* e *up-selling* trazem vantagens tanto para a empresa e seus vendedores quanto para seus clientes, que podem escolher comprar produtos complementares ou versões atualizadas de produtos ou serviços já adquiridos.

MÃO NA MASSA! SIGA O MESTRE:

## [*CROSS-SELLING*]:

**Matriz de** *Cross-selling*

Para preencher essa matriz, siga os seguintes passos:

1. Liste todos os seus produtos ou serviços.
2. A partir disso, sobre cada um deles, liste produtos que podem ser complementares ao produto/serviço que você tem interesse em comercializar.
3. Faça um cliente oculto com o seu concorrente e verifique como ele oferece produtos complementares iguais ao que você deseja vender.

| **Matriz de *Cross-selling*** | |
|---|---|
| **Produto / Serviço** | ***Cross-selling* (complemento)** |
| | |
| | |
| | |

**Tabela 17** • Matriz de *Cross-selling*.

MÃO NA MASSA! SIGA O MESTRE:

## [*UP-SELLING*]:

Matriz de *Up-selling*

Para preencher essa matriz, siga os seguintes passos:

1. Liste todos os seus produtos ou serviços.
2. A partir disso, sobre cada um deles, liste produtos que podem ser atualizados ou uma versão mais sofisticada de um produto ou serviço atual.
3. Faça um cliente oculto com o seu concorrente e verifique como ele oferece produtos que possuem novas versões iguais ao que você deseja vender.

| **Matriz de *Up-selling*** | |
|---|---|
| **Produto / Serviço** | ***Up-selling* (complemento)** |
| | |
| | |
| | |

**Tabela 18** • Matriz de *Up-selling*.

## ANTES REFLITA:

> *"Nenhum homem satisfeito com sua própria sorte fixa sua atenção na de outro: e isso nos leva a ficar zangados, até mesmo com os deuses, porque alguém nos precede, embora nos esqueçamos de quantos temos precedência, e que quando um homem tem inveja de poucos, ele deve ser seguido por uma legião de pessoas que o invejam."*
>
> Sêneca, *Sobre a Ira*, Livro III, 31.

CAPÍTULO 7

# Sêneca e o autoconhecimento

## INTRODUÇÃO

### O autoconhecimento sempre traz bons frutos, por Rafael Mendes.

ANTES REFLITA:

*"Você ouvirá muitas pessoas dizendo: 'A partir dos meus 50 anos, vou me retirar ao lazer, aos 60 anos, irei me liberar dos deveres públicos'. E que garantia você tem que sua vida irá durar por tanto tempo? Quem fará com que tudo tome o rumo exatamente como planejou? [...] Como é tarde para começar a viver, justamente quando devemos deixar de viver!"*

Sêneca, *Sobre a brevidade da vida*, III.

Sou CEO, cofundador e responsável pela operação no dia a dia da RP Trader®, além de sócio e investidor em outras empresas; minha trajetória profissional começou aos 14 anos de idade. Na época, eu era um jovem aspirante técnico de informática e sempre tive o sonho de empreender e dar a oportunidade a outros jovens de trilharem seu próprio caminho e construírem uma história de sucesso.

Em 2014, após o primeiro aborto da minha esposa, resolvi largar meu trabalho como gerente de projetos em uma empresa de tecnologia e tentar uma nova carreira. Sempre tive muita vontade de trabalhar com vendas, inspirado em minha mãe, que era vendedora nata. Então, naquele ano, iniciei um estágio com um amigo que vendia ovos e leite nas panificadoras de Curitiba e região metropolitana. Após dois meses de estágio não remunerado, mandei meu currículo para uma grande empresa de tecnologia e fui selecionado para ser um consultor de vendas da empresa.

Em seis meses nessa empresa, devido a essa nova paixão e também aos estudos de metodologia de vendas, obtivemos um resultado extraordinário e pude contribuir ativamente com a premiação dessa empresa, tornando-se tetracampeã entre as empresas que mais crescem no Brasil pela revista Exame. Após esses seis meses como consultor de vendas, fui promovido a gerente comercial, e iniciei minha saga em estudar as melhores metodologias de vendas existentes.

Em 2018 fundei a RP Trader o maior Hub de Soluções em Vendas B2B do Brasil, com uma proposta totalmente inovadora. Hoje, atendemos várias empresas, desde aquelas que estão listadas na bolsa de valores até as PMEs, realizando o processo de prospecção de vendas B2B. Inclusive, em 2022, a RP Trader® foi escolhida como uma *Startup to Watch*, pela revista *Pequenas Empresas Grandes Negócios*. Foram mais de 1.800 inscritos e ficamos entre os 5% melhores negócios de inovação no Brasil. A premiação destacava as 100 empresas mais promissoras do ecossistema brasileiro, e conseguimos este título depois de 5 anos de muito trabalho.

Junto com Mamá Brito, CEO do Fight Music Show, lançamos pela Editora Alta Books o meu primeiro livro, *Seja Visto e Lembrado – O Guia Prático para Ficar na Memória do seu Cliente e Vender mais*. Meu propósito, além de promover prosperidade é dar oportunidade a jovens para se desenvolverem profissionalmente e construir conosco uma grande empresa, que se apresenta como disruptiva e inovadora no mercado. Entendemos que a maior dor de qualquer empresário é aumentar as suas vendas e, assim, podemos apoiá-los a ter previsibilidade em seus negócios.

Agora, quero compartilhar uma curiosidade sobre mim: eu não gosto de feriado. Sério! Sei que o fato de existirem feriados não está no meu controle, porém é algo que realmente não gosto! Sou empreendedor e vendedor. Passo o dia todo buscando formas de fazer crescer os meus negócios. Todos os dias, 365 dias por ano! Não precisamos de mais dias de ócio e baixa produtividade em nossa economia, penso que sempre há uma forma inteligente de ser mais produtivo.

Jogo para vencer e quero trabalhar com vencedores. Não ligo para a que horas os membros do meu time acordam e se eles estão no escritório ou na praia, desde que as tarefas sejam entregues. Amo saber que meu time está descansado já na quinta-feira, pois significa que cumpriram suas responsabilidades. Inclusive, se meu time conseguir fazer em um dia o trabalho que levaria para fazer em trinta dias, o mérito é dele e pode aproveitar o tempo restante como quiser.

Empresário e vendedor, posso lhe dar um conselho? Então vai lá:

- ☑ Quer descansar? Final de semana.
- ☑ Quer descansar mais? Férias.
- ☑ Quer descansar mais? Bata sua meta antes de todo mundo.
- ☑ Quer descansar mais? Automatize seus processos.
- ☑ Quer descansar mais? Mantenha tudo que está ao seu alcance, superorganizado.
- ☑ Quer descansar mais? Poupe mais e invista mais.
- ☑ Quer descansar mais? Gere mais riqueza no país.
- ☑ Quer descansar mais? Promova a geração de empregos.
- ☑ Quer descansar mais? Faça mais vendas.
- ☑ Quer descansar mais? Se conheça mais, invista na sua saúde mental.
- ☑ Quer descansar mais? Não perca tempo com coisas inúteis durante o seu expediente. Lembre-se de que após as 18h você precisa dar atenção para sua família e amigos.
- ☑ Quer descansar mais? Troque o copo de cerveja por uma sessão de terapia com um bom psicólogo.
- ☑ Quer descansar mais? Forme líderes melhores que você.
- ☑ Quer descansar mais? Faça algo que lhe dê um sentimento de propósito.
- ☑ Quer descansar mais? Se conheça mais, invista na sua saúde mental.

Antes que me achem radical, você sabia que o brasileiro médio é quatro vezes menos produtivo que o americano médio? Não, eu não sou workaholic, pois meu trabalho faz parte do meu ministério, nunca vi o trabalho como "trabalho". Eu fui chamado para gerar empregos. Sim, por quem? Pelo cosmos, pela natureza, por Deus. Sou estoico, sou feliz!

## O AUTOCONHECIMENTO PELA VISÃO DE SÊNECA

### ANTES REFLITA:

*"O quão mais filantrópico é lidar com os que erram com um espírito gentil e paternal e colocá-los no caminho certo em vez de persegui-los? Quando um homem está vagando por nossos campos porque se perdeu, é melhor guiá-lo ao caminho certo do que expulsá-lo."*

Sêneca, *Sobre a Ira*, Livro I, 14.

Sêneca, como citamos anteriormente, foi um filósofo que viveu no século I. Por incrível que pareça, mesmo sendo uma figura antiga, ele tem muito a nos ensinar sobre o autoconhecimento até os dias atuais.

Antes de falar efetivamente sobre o filósofo e como ele pode nos ajudar a chegar ao autoconhecimento, é preciso questionar por que as pessoas buscam o autoconhecimento. Atualmente, essa palavra é muito falada, inclusive nas empresas que buscam as *soft skills* — habilidades de relacionamento muito valorizadas. No entanto, ainda que o autoconhecimento possa servir para desenvolver essas habilidades, é necessário dar um passo para trás e entender de maneira mais profunda essa questão.

Em primeiro lugar, temos uma verdade sobre a qual devemos refletir: todos querem ser felizes, esse é o objetivo maior. Ainda que haja objetivos secundários, como pagar as contas, ter tempo para praticar atividades físicas, viajar com quem amamos etc., no fim das contas, a meta da vida de todas as pessoas é a felicidade. Essa felicidade pode ser muito variada, afinal, cada indivíduo tem sua própria visão de mundo e isso molda também a busca pela felicidade. Dessa forma, podemos definir que "ser feliz" é algo individual e que exige saber onde você está e aonde quer chegar.

Quando falamos em felicidade, vale lembrar que ela não é ausência de problemas, é diferente de alegria, que é feita de momentos. A felicidade é algo mais constante, ainda que obstáculos se apresentem. Por ser algo mais abrangente, que envolve a vida que queremos viver e quem queremos ser, para saber aonde se quer chegar, é necessário se conhecer.

Pela ótica dos estoicos, a felicidade não deve depender daquilo que não podemos controlar, pois, no fim das contas, isso pode trazer frustração. Então, já que a única coisa que está sob nosso controle é a nossa vida e as nossas escolhas, o autoconhecimento se torna um caminho importante para o encontro de uma felicidade plena e verdadeira. Para isso, é preciso pensar sobre quem somos hoje e que tipo de vida estamos construindo, questionar se estamos satisfeitos com o que fazemos todos os dias, sobre o tipo de vida que queremos ter e o quão distantes estamos dela.

Ao olhar para o que Sêneca diz sobre "ser feliz", observamos que ele nos ensina que, muitas vezes, ao colocarmos a felicidade sobre a situação errada, acabamos por nos afastar dela. Se pensarmos nos dias de hoje, a rotina cheia de tarefas nos leva a correr muito, e essa pressa para chegar e realizar tantas tarefas e cumprir variadas demandas nos faz abrir mão do que é de fato essencial. Nesse sentido, erroneamente, a felicidade está colocada sobre conquistas que nos fazem adiar o que é importante de verdade.

Vivemos em uma sociedade de consumo, com um estilo de vida que nos impulsiona a tentar saciar as nossas necessidades por meio do consumo de conteúdo, de produtos e tantos outros. Esse consumo para saciar desejos não tem fim, assim, dessa forma, você nunca alcança a felicidade porque está sempre adiando olhar para si e encontrar o seu caminho.

Para Sêneca, contudo, não há uma receita única para a felicidade, pois somos seres individuais e, por isso, antes de tudo, devemos buscar o autoconhecimento, um caminho para delimitar o que buscamos, expor o que aspiramos e o que é a vida feliz para cada um. A partir disso, é que podemos entender quais caminhos nos levarão até nossos objetivos, aqueles que têm sintonia com a vida que buscamos e com o que é ser feliz.

É claro que essa busca não é determinada e imutável, pois, ao longo do caminho, você vai descobrindo se você está se aproximando do que é uma vida feliz a partir da observação. Portanto, é preciso que você escolha seu guia com sabedoria, que não deixe os ruídos do mundo distraírem você e levá-lo por caminhos equivocados que o afastam da vida feliz que você busca. Tentativas que claramente darão errado o levarão para longe da sua felicidade, do lugar aonde você quer chegar, até que você se encontre de verdade e siga na direção certa, na sua direção certa.

Quando falamos em guia, nos referimos a alguém experiente e que já tenha trilhado caminhos como os que precisamos seguir. Não é alguém que dará uma receita pronta, mas que aconselharia e mostraria como você pode fazer o seu caminho da melhor maneira, sempre pensando que você é um indivíduo único e seu caminho será único também. A sua vida e a sua "receita" são únicas. Os guias servem para ajudar você a refletir e encontrar as suas respostas. Portanto, não há um caminho certo, há o *seu* caminho certo.

Das reflexões de Sêneca sobre autoconhecimento, em *Sobre a tranquilidade da alma*, vamos destrinchar e explicar a seguinte afirmação:

> "Primeiro, é preciso examinar a nós mesmos, em seguida, os negócios que vamos empreender, por fim, aqueles pelos quais e com os quais iremos trabalhar. Antes de tudo, é necessário estimar a própria capacidade, pois, muitas vezes, parece que podemos suportar mais do que realmente podemos."
>
> Sêneca, *Sobre a tranquilidade da alma*.

Separando em partes essas afirmações, temos um panorama interessante e importante para você se entender e determinar o seu caminho. Vamos a elas.

1. "Primeiro, é preciso examinar a nós mesmos."
   Examinar a si mesmo quer dizer que se deve entender quais valores e princípios sustentam suas escolhas e o alinhamento deles com a vida que você quer construir. É preciso pensar no agora e no que se quer alcançar no futuro. É preciso saber o que importa, no que você acredita e refletir sobre a vida que você tem levado para determinar o que precisa mudar, o que não está de acordo com os seus valores e o está afastando do que quer construir e alcançar.
2. Em segundo lugar, entendendo a fundo seus valores, é o momento de pensar no que você está disposto a abrir mão para alcançar seu objetivo. Que tipos de comportamentos e escolhas são dispensáveis e não contribuem para a vida que você quer construir? Sabendo disso, é a hora de olhar para o que é imprescindível, logo, inegociável para você. Se necessário, nessa definição, volte aos seus valores. A vida que você vive os reafirma e os fortalece? Ou está na contramão do que você acredita? A partir disso, faça as adaptações e mudanças necessárias, pensando sempre na sua busca de uma vida feliz.
3. "(...) em seguida, os negócios que vamos empreender(...)"
   A referência a "negócios" não diz respeito ao nosso trabalho, ainda que ele também faça parte das nossas escolhas. Os negócios a que Sêneca se refere são as atividades que realizamos de maneira mais ampla: projetos e ações que colaboram para a construção de uma vida feliz.

Para escolher seus projetos é necessário examinar a sua vida e o que você faz diariamente. Ela está de acordo com seus valores ou há mudanças a realizar? Quais habilidades, rotinas e hábitos você precisa desenvolver?

Analise se você tem cuidado da sua saúde física e mental, como tem utilizado seu tempo. Muitas vezes, ainda mais atualmente, a produtividade exigida faz com que fechemos os olhos e deixemos de lado atividades essenciais para nós. Além disso, são tantas distrações que acabamos por perder tempo, um bem valiosíssimo, com tarefas que não são importantes. Por isso, repense seus hábitos e examine o que você tem feito todos os dias. Esses hábitos e atividades estão em diálogo com os valores que você sabe que são importantes e levarão você à vida que considera feliz?

4. "(...) aqueles pelos quais e com os quais iremos trabalhar (...)"
Por mais que tenhamos nossa individualidade e nosso próprio caminho, não vivemos sozinhos, nossas relações sociais permeiam nosso dia a dia. Por isso, além de examinar quem você é, os seus valores e seus hábitos diários, é também preciso olhar em volta para as pessoas com quem você compartilha seu caminho e sua vida. Você se cerca de pessoas com valores, princípios e visões de mundo semelhantes? Busque encontrar companheiros de jornada, eles serão importantes para oferecer insights, ideias, conselhos, especialmente em momentos em que você se sentir desanimado ou perdido do seu caminho.

Além disso, você tem clareza de "por quem você faz o que faz?" Quem participa do seu projeto de vida? Como afirmado anteriormente e de acordo com o estoicismo, você não vive sozinho, seu objetivo de felicidade é compartilhado com as pessoas à sua volta. Onde estão essas pessoas nesse caminho? Há espaço para aquelas que são importantes?

## ANTES REFLITA:

*"Você não deve acreditar nas palavras de homens irados, os quais falam em tom alto e ameaçador, enquanto a mente dentro deles é a mais tímida possível."*

Sêneca, *Sobre a Ira*, Livro I, 20.

Sobre essa questão, também devemos pensar que não controlamos a vida dos outros, apenas a nossa e o foco deve ser sobre o que podemos controlar. No entanto, nas relações interpessoais, podemos e devemos colocar limites sobre aquilo que as pessoas fazem conosco e para nós. Esses limites são saudáveis. Sendo assim, analise se você sabe dizer "não" para os outros e até para si mesmo em determinados momentos. Dizer "não" para atitudes, comportamentos, pensamentos e hábitos é um sinal de que você se conhece, sabe o que deve ou não fazer e com o que pode ou não lidar em relação a outras pessoas e situações. Esses limites são uma forma de você se manter fiel aos seus valores e ao caminho que quer trilhar para alcançar a felicidade.

5. "(...) é necessário estimar a própria capacidade, pois, muitas vezes, parece que podemos suportar mais do que realmente podemos." Essa última parte da afirmação de Sêneca traz uma reflexão essencial, especialmente, para a atualidade. Hoje, somos muito cobrados para fazer, realizar, conquistar, porém nem sempre somos capazes de fazer tudo o que nos pedem o tempo todo. Isso tem a ver com os limites de que falamos anteriormente e também com a autocobrança por estarmos sempre em atividade, até mesmo se isso nos adoecer. Quantas pessoas ultrapassam seus limites e ficam doentes? Estar doente é um sinal do seu corpo e da sua mente de que você desrespeitou limites e, por isso, é preciso parar um pouco, desacelerar para recalcular a rota, repensar o caminho.

   Além disso, voltamos à reflexão sobre o que está fora do seu controle. O que não depende de você e, mesmo assim, você não deixa de se preocupar? O que não depende de você e ainda tira seu sono e deixa você nervoso e desequilibrado? As reflexões sobre nossas capacidades e limitações têm o objetivo de nos ajudar a viver de uma maneira que contribua para a vida que você quer alcançar.

## ANTES REFLITA:

> *"A raiva, muitas vezes, vem até nós, mas também vamos até ela. Nunca devemos chamá-la: mesmo quando cai em nosso caminho, devemos jogá-la de lado."*
>
> Sêneca, *Sobre a Ira*, Livro III, 12.

É necessário saber o que parece óbvio, mas, na prática, podemos nos esquecer: não somos super-heróis. Por isso, parte do processo de autoconhecimento é saber o que é possível fazer nesse momento para não se sobrecarregar, considerando as suas limitações físicas e mentais.

Para não se desesperar pensando no quão distante você pode estar do seu objetivo, da sua felicidade, aquela que você definiu pensando nos seus valores e também nos seus limites, defina o seu caminho com calma. Cada passo é importante, então se pergunte, hoje, qual é o primeiro passo que você pode dar, de acordo com as suas possibilidades de agora. Não se compare a outras pessoas, você tem o seu próprio caminho para percorrer, na velocidade que é possível para manter-se firme e saudável ao longo dessa jornada.

Lembre-se sempre de que não há uma receita pronta, mas há um caminho de reflexão e autoconstrução. Portanto, é preciso constantemente revisitar seus valores, seus limites, suas possibilidades, olhar para trás para entender os passos que você já deu para poder planejar novamente. Se necessário, olhe para o que precisa fazer a partir do que você fez até determinado momento.

Assim, ao refletir sobre Sêneca e o autoconhecimento, volte-se sempre para si, olhe para você, depois olhe à sua volta e determine a vida que quer alcançar, fazendo os ajustes necessários para trilhar o seu caminho. Faça sem desrespeitar seus limites, sem se comparar a outras pessoas, mas com foco na sua felicidade, na vida que você considera feliz de fato.

## ANTES REFLITA:

*"A vida que recebemos não é curta, nós que a desperdiçamos.*
*Como uma grande riqueza que é gasta de forma negligente*
*no momento em que chega às mãos de um mau proprietário,*
*e esta mesma riqueza, embora limitada, se for confiada*
*a um bom guardião, aumenta com o tempo.*
*Da mesma forma, é a vida: disposta de tempo*
*o suficiente para aquele que a coordena corretamente."*

Sêneca, *Sobre a brevidade da vida*, I.

## CAPÍTULO 8

# *Hacks* do estoicismo para o dia a dia em vendas

## INTRODUÇÃO

### "Confie no processo", por Rafael Mendes.

Um dia desses, pedi um Uber, e foi o meu maior aprendizado em vendas. Cansado do dia, resmunguei em voz alta, então o motorista começou a falar: "Eu trabalhava em dois hospitais ao mesmo tempo como enfermeiro, por 8 anos. Entrava às 7h da manhã em um e, depois, às 19h ia direto para o outro hospital, do qual saía às 6h da manhã".

Ou seja, o cara dormia nos intervalos e ônibus, por 8 anos seguidos. Fiquei em choque com esta informação. Ele me contou sobre quando trabalhava no centro de emergência. O médico chegava acelerando, colocando pressão, para o paciente não morrer. Sabe o que ele fazia e dizia? "Calma, doutor, vou seguir o protocolo, como o senhor sempre diz".

E fazia o que tinha que ser feito. Todos os dias, "Siga o protocolo, faça o que tem que ser feito! Confie no processo, no processo, pois ele salva vidas".

## 15 *HACKS* DO ESTOICISMO PARA O DIA A DIA EM VENDAS + BÔNUS

### *Hack* 01 – Olhar para o outro

O primeiro *Hack* de que vamos tratar é o "olhar para o outro". Para iniciar, é preciso observar que, quando uma determinada situação estressante ou inesperada acontece conosco, geralmente somos tomados por uma carga emocional forte. Quando nos deixamos tomar pelas nossas emoções, temos muita dificuldade de enxergar, de projetar o que vai acontecer posteriormente, ou seja, com o que virá. Ao tratarmos do "olhar para o outro", é necessário conseguir imaginar o seu medo, aquele que pode cegar você, acontecendo com o outro.

Essa estratégia acontece da seguinte forma. Imagine uma situação que você está analisando como catastrófica na sua vida, como um problema sério de saúde, a morte de alguém querido, um emprego perdido, uma empresa em situação difícil. Ao olhar e sentir essas situações, tanto da vida pessoal como profissional, como grandes tragédias sem solução, você é incapaz de olhar além de ver perspectivas em que você conseguirá superá-las.

Ao imaginar, no entanto, essas mesmas situações acontecendo com outra pessoa, você passa a ter um novo olhar, menos medroso, com menos emoção, de maneira mais racional e objetiva. Com isso, é capaz de perceber que, apesar de serem situações de fato desafiadoras, elas podem ser superadas, ainda que levem tempo e demandem ações para que isso aconteça.

É uma maneira de racionalizar o olhar, de controlar o sentir por meio da reflexão que, muitas vezes, quando olhamos apenas para dentro, não somos capazes de fazer.

## *Hack* 02 – Controle x Não controle

Um dos ensinamentos do estoicismo é a nossa aceitação das situações que não estão sob nosso controle. Isto é, só podemos agir sobre o que podemos controlar. Na prática, nem sempre essa aceitação é fácil. Por isso, é preciso que aprendamos a lidar com a necessidade de controlar as coisas para que ela não nos adoeça.

Para começar a lidar com isso, antes de qualquer coisa, é preciso que em todas as situações, sejam elas pessoais ou profissionais, você seja capaz de avaliar o que pode controlar e o que não pode. Essa avaliação permitirá que entenda o que pode fazer de fato.

Para exemplificar, se você vai participar de uma entrevista de emprego, por exemplo, não está no seu controle o entrevistador gostar de você, nem se será aprovado para a colocação que busca. O que você pode controlar é manter seu currículo atualizado, preparar-se por meio de cursos para ser um melhor profissional e se preparar para a entrevista. É nessas ações que você deve focar a sua energia.

Outro exemplo é quando você faz uma excelente apresentação da sua proposta comercial, faz *follow-up*, quebra objeções e, mesmo assim, o cliente não comprou com você. Se você tem a convicção de que fez todo o processo de vendas de forma correta e profissional, durma tranquilo, pois não está sob o seu controle os motivos da decisão de compra do cliente. Faça a sua parte como vendedor, desenvolva a *Pirâmide da Dicotomia do Controle [DC]* vista no capítulo "Torne-se um Vendedor Estoico".

Depois de entender o que você pode controlar nas mais diversas situações que se apresentarem, você deve rever a sua intenção, ou seja, amplie-se, fortaleça-se para além de um desejo egoísta de conquistar algo. Nesse sentido, repense nos porquês de você querer conseguir o emprego de que falamos no exemplo. Envolva as pessoas à sua volta, entenda como a sua conquista pode ir além, contribuir com as pessoas que você ama e com o mundo. Apegue-se, portanto, aos motivos pelos quais você quer alcançar uma conquista em vez de se deixar tomar pela ansiedade diante do que você não pode controlar.

Por fim, quando chegar a hora de vivenciar a situação, o presente, momento em que você precisa agir, realize da melhor forma possível e esteja inteiro no presente. Não pense em ser perfeito, mas em ser o melhor que puder sem se deixar tomar pela ansiedade das variáveis incontroláveis, lembrando-se da sua intenção para conquistar o que deseja.

Esse caminho de análise do que está no seu controle, fortalecimento da sua intenção e de realização da melhor forma possível no presente é uma maneira de você aprender a lidar com a ansiedade, libertando-se de pensamentos sobre hipóteses, algo que você não deve querer prever, portanto, não deve receber a sua energia.

## *Hack* 03 – Visão da vida inteira

Para entender esta visão, considere uma afirmação de Marco Aurélio, imperador romano e filósofo estoico:

> *"Que a visão da tua vida inteira não te perturbe jamais."*

Essa frase do estoico traz uma reflexão muito importante. A partir da metáfora da vida como um quadro, uma obra de arte em construção, somos convidados a pensar no que podemos fazer no presente, para dar andamento da melhor maneira à nossa vida. Desse modo, é possível que, no passado, tenhamos sido limitados por nossos medos e por nossa ansiedade. Pode ser que não estejamos onde achamos que estaríamos. Dessa maneira, o caminho até o agora pode ter sido difícil e cheio de obstáculos, que, a seu ver, atrasaram seus planos.

Segundo essa nova visão, nada disso importa mais. O foco precisa ser na parte do nosso quadro, da nossa vida que queremos construir *agora*. É sobre isso que está no nosso controle, é o agora que podemos controlar. Ainda que a sua vida não esteja do jeito que você esperava, você tem a oportunidade de agir no presente para que, no final, o seu quadro seja uma grande obra de arte.

## *Hack* 04 – Chame as coisas pelo seu nome verdadeiro

Chamar as coisas pelo seu nome verdadeiro nos auxilia em dois sentidos: não definir e não limitar os outros, para também não definirmos e limitarmos a nós mesmos. Assim, é preciso cuidar dos pensamentos sobre si e sobre o outro, afinal, o nosso olhar sobre o outro é um reflexo do nosso olhar sobre nós mesmos.

Para exemplificar, quando definimos alguém pela sua profissão ou por uma atitude errada que ele teve, estamos rotulando e limitando o nosso olhar. Se um colega teve um fracasso em algumas vendas, ele não é um fracassado, apenas *teve* alguns resultados negativos. Se um amigo agiu de maneira errada com você, não é erro dele, ele *cometeu* um erro. Há diversas outras características tanto do colega quanto do amigo dos exemplos que são ignorados quando os definimos de maneira limitada e empobrecida.

Então o ideal é que você não defina, mas particularize as análises de acordo com cada situação. Procure também não limitar as pessoas a coisas específicas que elas fizeram. Muitas vezes, esse rótulo que é colocado sobre as pessoas e as situações é o caminho para nos cegar e nos impedir de fazer análises mais complexas e profundas.

Além disso, quando fazemos essa definição empobrecida e muito direta dos outros, é reflexo da maneira como também julgamos a nós mesmos. Assim, se o outro é um fracasso, quando você errar, a tendência é que você se veja como um fracasso também, e não como alguém que cometeu um erro, alguém que não é definido por ele.

Logo, chamar as coisas pelo nome tira o peso do julgamento sobre nós e sobre os outros. Simplifica nosso olhar e o direciona para o presente, para a atitude, para o momento. Quando adotamos esse olhar, abrimos espaço para ver além dos erros, para mudar a nós mesmos; damos oportunidade para que vejamos as pessoas como imperfeitas e passíveis de mudança também.

Portanto, exercite essa visão mais particularizada e menos definitiva sobre você e sobre o outro. É uma maneira de ser capaz de enxergar o que precisa ser mudado com mais leveza, mais naturalidade, sem sermos juízes autoritários, apenas observadores e agentes das mudanças que podemos realizar.

## *Hack* 05 – A verdade como virtude

A palavra grega antiga *Aletheia* significa o não oculto, não escondido, não dissimulado. O verdadeiro é o que se manifesta aos olhos do corpo e do espírito; a verdade é a manifestação daquilo que é ou existe tal como é. O verdadeiro é o evidente ou o plenamente visível para a razão.

A melhor forma de entender este *hack* é observando uma frase de um autor desconhecido, que diz:

> *"Viva de forma honesta que, para falarem mal de você, terão que mentir!"*

Essa frase traz uma reflexão muito importante. O melhor jeito de viver é com honestidade, o seu coração fica calmo e a sua consciência limpa, sem saber que não prejudicou ninguém. Não tenha medo de ser chamado de "chato" por ser extremamente correto e verdadeiro.

> *"Se não é justo e não convém, não faça.*
> *Se não é a verdade, não diga."*
> Marco Aurélio, *Meditações*, XII, 17.

> *"Ele não deve dizer nada que seja contrário à verdade,*
> *nem realizar nada que seja contrário à justiça."*
> Marco Aurélio, *Meditações*, III, 16.

Você não precisa mentir para vender mais! Não faça isso, não é necessário. Seja tão bom naquilo que você vende, a ponto do seu potencial cliente entender que você é a melhor opção de compra. Durma com sua consciência tranquila!

## *Hack* 06 – Ame-se

Citação extraída de: "Mateus 22:39 NTLH" – Bíblia Sagrada

*"Ame os outros como você*
*ama a você mesmo! – Jesus, o Cristo."*

Que axioma incrível, porque Jesus Cristo diz "ame os outros como A SI MESMO", está implícito que devemos nos amar primeiro para, só assim, aprender a amar os outros.

Esse versículo Cristão traz uma reflexão muito importante. Quanto mais você amar o que é, poderá amar os outros, ou seja, as coisas serão mais fáceis porque você está pleno consigo mesmo.

*"Você deseja ser elogiado por um homem que se amaldiçoa*
*três vezes por hora? Como pode você desejar agradar alguém*
*que não está satisfeito consigo mesmo? Pode contentar-se consigo*
*mesmo aquele que se arrepende de quase tudo o que faz?"*
Marco Aurélio, *Meditações*, VIII, 53.

Busque se apaixonar por você, tenha momentos sozinhos com a sua pessoa. Se presenteie, vá ao cinema sozinho, ao teatro, leia um bom livro, faça atividades físicas sozinho. Aprenda a gostar de ficar com você!

Vivemos em uma sociedade em que buscamos a aprovação social o tempo inteiro. Você não precisa ser aceito pelas pessoas, pois você não tem controle sobre a opinião delas. Você precisa ser aceito por você mesmo e se amar.

## *Hack* 07 – Não consuma notícias negativas e que possuam violência

*"Aqui está uma maneira de pensar sobre o que as massas consideram*
*coisas 'boas'. Se começares primeiro pensando em coisas que são*
*inquestionavelmente boas: sabedoria, autocontrole, justiça e coragem,*
*com essa preconcepção não serás mais capaz de ouvir o refrão popular*
*de que há coisas boas demais para experimentar numa existência."*
Marco Aurélio, *Meditações*, V, 12.

Consumir notícias ruins faz mal para a saúde e pode se transformar em um ciclo vicioso. Segundo uma pesquisa realizada nos Estados Unidos e que entrevistou mais de 4 mil pessoas, acompanhando-as por anos, consumir muitas notícias negativas impacta diretamente na nossa saúde (*Consumidor Moderno*, 2019).

As psicólogas Rebecca Thompson e Roxane Cohen Silver, pesquisadoras que assinam o estudo, revelaram para uma publicação especializada da Universidade da Califórnia, que o consumo de notícias via redes sociais e por smartphones aumenta o acompanhamento obsessivo de tragédias ou crimes hediondos, principalmente, por meio de vídeos e imagens que se repetem à exaustão.

Antes, reflita sobre a frase de Carl Sagan, um dos maiores gênios da história da humanidade:

*"O cérebro é como um músculo. Quando está sendo usado, nos sentimos muito bem. O entendimento é prazeroso."*

Nosso cérebro é alimentado por aquilo que vemos, lemos ou ouvimos. Essa é a forma como criamos o mundo, só existe o que conseguimos imaginar ou sentir. Somado ao terreno de nossas crenças, que seria o adubo em que foram criadas nas nossas relações iniciais, determinarão o que permanecerá ou não em nossa mente, seletivamente detectar o que é relevante ou não.

O legal é gerenciarmos o que conseguimos capturar, sem juízo de valor nesse momento, como reflexão e aprendizado para nossa vida. E partindo até de uma ficção, sempre há a possibilidade de uma experiência, mesmo que seja aprender o que não fazer. No trabalho em vendas é fundamental ter o pensamento positivo e o autocontrole emocional. Por isso, mantenha distante da sua mente toda e qualquer informação que possa lhe trazer referências negativas e que possa prejudicar a sua "*Cidadela Interior*".

## *Hack* 08 – Pratique o desconforto

*"Das coisas relacionadas ao corpo, forneça apenas o que for estritamente necessário, como comida, bebida, roupas, casa e servos. Mas elimine tudo que vise luxo e exibição."*

Epicteto, *Encheiridion*, 33.

Prazer e luxo são criados para serem bons, ninguém está negando isso, mas quando simples confortos e luxos se tornam uma dependência, sua vida torna-se frágil. Logo, certifique-se de que você não se torne dependente dessas coisas.

Por padrão, somos apegados ao conforto, e não conseguimos nos imaginar sem ele. A ideia por trás de executar o desconforto voluntário é que, quando superarmos a necessidade de nos sentirmos confortáveis sempre, nossa vida será muito mais fácil.

Que atividade na sua rotina de vendas gera desconforto?

A. Prospecção;
B. *follow-up* com o cliente;
C. apresentar propostas;
D. quebrar objeções;
E. fazer cobranças, utilizando técnicas de fechamento;
F. outro.

Pelos próximos sete dias, busque fazer qualquer atividade da sua rotina em vendas que gere *desconforto* em você pelo menos uma vez por dia! O objetivo é que o leitor esteja preparado para realizar isso sempre que for necessário.

## *Hack* 09 – Use as quatro virtudes como sua bússola diária

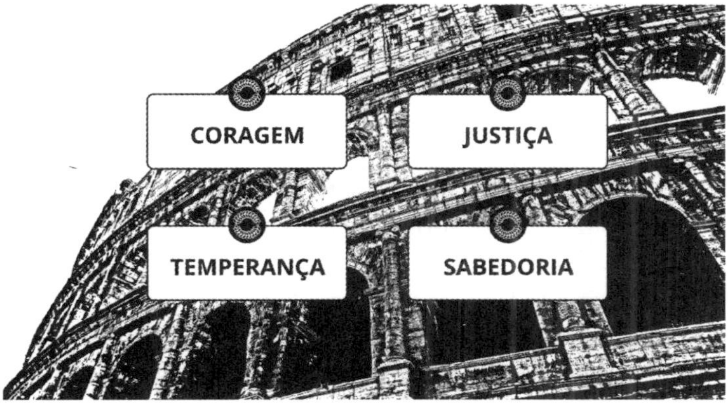


Figura 17 • Quatro virtudes cardeais do estoicismo.

A cada situação de conflito diário que enfrentar no seu dia a dia, utilize a reflexão na perspectiva das quatro virtudes cardeais. Toda dificuldade é uma excelente forma de exercitar essas virtudes; como dizem os estoicos, nós já estamos equipados com as ferramentas necessárias para enfrentar as adversidades. O objetivo é que as quatro virtudes possam ajudá-lo a ser um ser humano melhor. A base deve ser as virtudes: quando for tomar uma decisão, questione se ela será uma decisão moderada, corajosa e justa, e como aplicá-la sendo sábio.

> *"Você possui a razão? 'Sim, possuo'. Então por que não a usa? Pois se ela desempenhar seu próprio ofício por si só, do que mais você precisará?"*
>
> Marco Aurélio, *Meditações*, Livro IV, Parte 13.

## *Hack* 10 — O julgamento

Segundo a visão estoica, nossos problemas resultam de nossos julgamentos, ou seja, da forma como percebemos as coisas. Marco Aurélio diz "a vida é julgamento". O processo de julgamento compreende três etapas:

1. Uma imagem se apresenta (um acontecimento).
2. Um discurso interior é gerado a partir da imagem apresentada (processo automático sobre o qual não temos controle).
3. Etapa em que podemos exercer a autonomia de decidir se o discurso interior gerado será ou não aceito por nós (É objetivo? Está na minha zona de controle?).

A maioria das pessoas se limita à etapa 2, aceitando todo tipo de discurso interior gerado sem passar para a etapa de refletir objetivamente sobre tal discurso e decidir se quer adotá-lo em sua vida — um pensamento, um comportamento etc. Segundo os estoicos, parar na etapa 2 é um erro, pois devemos nos esforçar para colocar a etapa 3 em ação.

**A ação:** aplique a etapa 3 nas suas ações diárias, fazendo uma pausa entre as imagens que se apresentam a você e os seus julgamentos/ações. Utilize a pausa para refletir e decidir se é o desejado aceitar ou recusar os discursos gerados.

*"É hora de perceber que há em você algo mais poderoso do que as coisas que o afetam e lhe fazem dançar como um boneco."*
Marco Aurélio, *Meditações*, XII, 19.

Os estoicos fazem o exercício do reforço constante de princípios que possam ajudar a manter presentes na mente as ideias que desejam e que influenciam e conduzem para a *finitude* e a *possibilidade de transformação humana*. Essas são algumas dessas ideias. *Coloque esse exercício em prática!*

*"Quando se sentir irritado ou perder a paciência, lembre-se de que a vida humana é muito curta. Não demorará muito e todos nós estaremos deitados lado a lado."*
Marco Aurélio, *Meditações*, XI, 18, 6.

*"O que é mais tolo do que se recusar a aprender, simplesmente porque há muito tempo não aprendemos?"*
Sêneca, *Cartas de um Estoico*, LXXVI.

## *Hack* 11 – Ninguém quer andar perto do desonesto, até mesmo o próprio desonesto

*"Assim, como ao caminhar, você toma o cuidado de não pisar num prego ou num alfinete ou torcer o seu tornozelo. Da mesma maneira, cuide-se para não causar danos ao seu Princípio Governante."*
Epicteto, O *manual para a vida*.

*"Tome cuidado para não sentir pelos [criminosos] inumanos o mesmo que eles sentem pela humanidade."*
Marco Aurélio, *Meditações*, VII, 65.

*"A salvação da vida está em ver a fundo o que é cada ser em si, qual sua matéria, qual a causa formal. Em praticar do fundo da alma a justiça e dizer a verdade."*
Marco Aurélio, *Meditações*, XII, 29.

*"Você me pergunta qual é o verdadeiro bem e de onde deriva? Digo-o: vem de uma boa consciência, de propósitos honrosos, de ações corretas, de desprezo dos presentes do acaso, de um modo de vida equilibrado e tranquilo que trilha apenas um caminho. Para os homens que saltam de um propósito para outro, ou não sequer pulam, mas são carregados por uma espécie de aventura –, como podem essas pessoas vacilantes e instáveis possuir qualquer bem que é fixo e duradouro?"*

Sêneca, Carta XXIII, *Sobre a verdadeira alegria que vem da filosofia.*

Que práticas você pode realizar para que fique sempre atento na busca da honestidade?

## *Hack* 12 – Desafie a sua competência

*"A filosofia nos concede essa dádiva; faz-nos alegres na própria visão da morte, fortes e corajosos não importa em que estado o corpo possa estar, alegre e nunca falhando, embora o corpo nos falhe."*

Sêneca, Carta XXX, *Sobre Conquistar o Conquistador (a morte).*

Uma das maiores preocupações de quem está comprando é se realmente você ou sua empresa é competente para entregar aquilo que está prometendo. Por isso, em reunião, diga o seguinte script:

**NOME DO CLIENTE,**

Vou lhe dar um desafio, ligue para NOME DO CLIENTE DA SUA CARTEIRA, que é um cliente que está conosco há muito tempo, e pergunte como tem sido o relacionamento com a nossa empresa.

**Pergunte:**

Qual nota ele(a) daria para o nosso trabalho de 0 a 10?
Se ele(ela) me der uma nota abaixo de 8, prometo nunca mais incomodá-lo.

Você aceita este desafio?

Se você não tem nada a esconder, fique tranquilo!

## *Hack* 13 – Como cobrar seu cliente sem ser chato

*"Como é que almas inábeis e ignorantes conseguem perturbar os hábeis e inteligentes? Eu me pergunto: o que é uma alma hábil e inteligente? É aquela que conhece o começo e o fim, e a razão que permeia todo o ser, e por ciclos determinados, governa o Universo por todos os tempos."*

Marco Aurélio, *Meditações,* Livro V, 32.

Estudos apontam que:

- ☑ **2%** das vendas são feitas no primeiro contato;
- ☑ **3%** das vendas são feitas no segundo contato;
- ☑ **5%** das vendas são feitas no terceiro contato;
- ☑ **10%** das vendas são feitas no quarto contato;
- ☑ **80%** das vendas são feitas do quinto ao décimo segundo contato.

Você sabia que 80% dos clientes compram apenas a partir do quinto contato? E o pior: apenas 10% dos vendedores persistem até lá! Parece um absurdo, concorda? Ainda mais quando os dados apontam que 90% dos vendedores fazem, no máximo, três contatos e desistem. O segredo para cobrar seu cliente sem ser chato é ter um Fluxo de Cadência.

Fluxo de cadência é um plano sistematizado com uma série de tentativas de interações e *follow-up* espaçados, em que o vendedor utiliza diferentes métodos de comunicação para aumentar a chance de contato com um *prospect*. Abaixo, veja cinco passos para montar um Fluxo de Cadência para cobrar o seu cliente sem ser chato.

1. Passo – **Tentativas**
   - Quantidade de tentativas que deverão ser realizadas.
   - Utilize os dados acima para definir a quantidade de tentativas de contato que você realizará.

2. Passo – **Meios de Comunicação**
   - Quais são os dispositivos de contato que você utilizará (telefone, redes sociais [*Social Selling*], e alguns outros, por exemplo, presentes ou mensagem de voz).

- Vivemos em uma era *Omnichanel* (diálogo e alinhamento dos canais online e off-line de uma empresa com os clientes), então seja inteligente e diversifique os canais de comunicação.

3. Passo – **Duração**
   - Limite o tempo que irá durar sua cadência. (Ex. A venda de um Sistema ERP [*Enterprise Resource Planning*] pode durar até um ano).

4. Passo – **Espaçamento**
   - Uma cadência de vendas não é feita de ações isoladas e pontuais, espaçadas aleatoriamente. O correto a se fazer é (Ex.: Segunda-feira vou mandar um e-mail; quarta-feira farei uma ligação de confirmação do e-mail).

5. Passo – **Conteúdo**
   - Use a sua geração de conteúdo a seu favor, compartilhe matérias do seu blog, eventos em que você participou ou até convites para um almoço.

Seja criativo e inteligente, utilize o Fluxo de Cadência para abordar o seu cliente e não desista ao receber o silêncio dele.

## *Hack* 14 – Três dicas do filme *Gladiador* que pode ser aplicadas em sua rotina de vendas

*"O seu sofrimento é bem merecido, pois você prefere ser uma boa pessoa amanhã a ser bom hoje."*

Marco Aurélio, *Meditações*, Livro VIII, 22.

O premiado filme *Gladiador* — que utiliza fatos históricos e mistura com a ficção, do diretor Ridley Scott — é sobre a história que gira em torno do personagem principal Maximus. Ele é um general romano que, durante a história, acaba se tornando escravo e depois um poderoso gladiador. O personagem é interpretado brilhantemente pelo ganhador do Oscar de Melhor

Ator, Russell Crowe, e o filme traz grandes aprendizados estoicos, que podem ser aplicados na sua rotina de vendas.

O longa está disponível na Netflix e ganhou cinco Oscars em 2001, incluindo o de Melhor Filme.

**1.º dica** – Frase do Gladiador Maximus: "*O que fazemos em vida ecoa na eternidade*".

O que você faz hoje é a oportunidade de construir um legado, de beneficiar muitas pessoas ao seu redor. Defina quais são os seus princípios e viva em harmonia com eles.

**2.º dica** – Frase do Gladiador Maximus: "*Ambição pode ser uma virtude quando nos motiva a vencer*".

Durante a sua jornada no filme, Maximus é ferido gravemente, e sua família é assassinada, e ele ainda é levado como prisioneiro. Mesmo nessas condições, ele encontra forças para superar as dificuldades, elaborando um plano bem definido. Na vida você terá problemas os quais deve enfrentar, e estas horas são oportunidades para provar o seu verdadeiro valor.

**3.º dica** – Frase do Gladiador Maximus: "*O que quer que saia desses portões, temos uma chance maior de sobreviver se trabalharmos juntos*".

Sabedoria, justiça, coragem e temperança, são virtudes cardeais de um grande líder. A verdadeira liderança não é imposta, e sim conquistada. Um líder genuíno que lidera pelo exemplo e consegue uma liderança que se sustenta com o tempo, só conseguirá liderar se tiver essas quatro virtudes cardeais estoicas.

## *Hack* 15 – O indicador mais importante em Vendas

*"Se um homem está errado,*
*instrua-o gentilmente e mostre-lhe o erro.*
*Se você for incapaz de fazer isso,*
*culpe a si mesmo ou a ninguém."*

Marco Aurélio, *Meditações*, Livro X, 4.

Há uma frase incrível do doutor Robert Cialdini:

> "Somos mais propensos a sermos influenciados por pessoas que:
> » admiramos / nos atraem;
> » são parecidas conosco;
> » são agradáveis;
> » nos elogiam;
> » cooperam conosco."

Vocês entenderam isso? Vou repetir: "Somos mais propensos a sermos influenciados por:

☑ VENDEDORES que **admiramos**/VENDEDORES que nos **atraem.**
☑ VENDEDORES que são **parecidos conosco.**
☑ VENDEDORES que são **agradáveis.**
☑ VENDEDORES que nos **elogiam.**
☑ VENDEDORES que **cooperam conosco.**"

O profissional que não consegue gerar *afinidade, não vende!* O cliente **não vai comprar,** e você, como gestor, está se matando no dia a dia com alguém que não têm capacidade de gerar *afinidade.*

E como fazer essa gestão em larga escala? Simples, rodando uma pesquisa de satisfação com o cliente que foi atendido pelo seu vendedor. Você pode automatizar essa pesquisa por e-mail.

Segue o template de e-mail que você pode utilizar:

*Olá, como vai?*

*Eu sou NOME DO GERENTE, Gerente Comercial da NOME DA EMPRESA, e o motivo do meu contato é reforçar nosso agradecimento pelo avanço neste projeto.*

*Gostaria também de aproveitar para saber como você avalia os contatos conosco até agora.*

*Pergunta 1: Nesta escala, quanto você entende que podemos ajudar? (de 0 a 10)*

*Pergunta 2: Nesta escala, qual seria o prazo para fechar este projeto conosco? (1 mês, 1 a 3 meses, 3 a 6 meses)*

*Pergunta 3: Nesta escala, qual nota você daria para o atendimento do nosso vendedor?*

*(Inseri de 0 a 10)*

*Pergunta 4: Existe algo mais que gostaria de deixar? (O campo deverá ser aberto para texto)*

Lembre-se de que *Premeditatio Malorum* se relaciona à nossa capacidade de prever o que pode dar errado sem sofrer quando algo de fato não acontece como gostaríamos. Antecipe-se, não está no seu controle se o cliente vai comprar, porém está no seu controle fazer o cliente gostar de você.

Reforçamos que esse é o indicador mais importante em vendas. Aqui, vocês entenderão por que existe um vendedor que vende mais que o outro, com *leads* iguais e processo de vendas idêntico.

Afinal, nós não compramos de pessoas de quem não gostamos!

## *Hack* bônus 1 – O Efeito Dunning-Kruger

Por que as pessoas que sabem tão pouco acreditam que são autoridades no assunto? Desde a minha adolescência, sou muito fã de uma banda de *heavy metal* brasileira chamada Angra. Um dia, me deparei com uma discussão na internet do fundador da banda, Rafael Bittencourt, contra um crítico musical famoso.

O crítico dizia que o Angra foi criado para ser uma *boy band*, Citando que a banda orbitava em torno do primeiro vocalista e tinha sido escolhida a dedo pelo empresário da época. Ou seja, o crítico queria provar a história para o próprio fundador.

Durante a discussão, o fundador disse uma frase incrível:

- ☑ **"Espera só um pouquinho, deixa só eu contar a minha visão, porque 'EU' estava lá!"**

Na Grécia Antiga, em aproximadamente 400 a.C., o oráculo de Delfos declarou Sócrates o maior sábio da Grécia. Quando foi questionado quem era o homem mais sábio de Atenas, ele respondeu que:

☑ **Era Sócrates.**

Quando Sócrates soube disso, não ficou contente, pois ele nunca se achou o homem mais sábio. Então Sócrates começou sua peregrinação, conversando com todos os intelectuais que na época eram os mais sábios de Atenas. E identificou que todos, apesar de serem muito inteligentes, tinham o mesmo defeito.

***"Acreditavam saber mais do que sabiam de verdade! Falavam como se entendessem sobre coisas que achavam que entendiam, quando, na verdade, não entendiam."***

Desse modo, Sócrates percebeu que, se fosse realmente o mais sábio era por ser o único a saber o quanto não sabia, porque você não pode aprender aquilo que acha que já sabe, a famosa frase: "Só sei, que nada sei!"

## Efeito Dunning-Kruger

Dois psicólogos americanos, David Dunning e Justin Kruger, em 1999, fizeram um estudo sobre o que era a curva do aprendizado e eles queriam entender a percepção do conhecimento. Então, em um teste muito simples aplicado com base em perguntas, para grupos distintos, com níveis diferentes de conhecimentos em determinados assuntos. Nessa mesma pesquisa, foi questionado aos participantes, quanto eles achavam que dominavam aquilo?

Qual foi a conclusão de Dunning-Kruger?

**Os participantes do teste que achavam que menos sabiam, foram os que tiveram o maior resultado no teste.**

O efeito Dunning-Kruger é uma tendência cognitiva, em que pessoas que sabem pouco acham mais que todo mundo. Isso porque elas sabem tão pouco que não sabem quando não sabem que sabem pouco. As pessoas acham que dominam um assunto, porém são completamente ignorantes. Elas não têm o conhecimento mínimo para reconhecer suas próprias limitações.

Caro vendedor, nunca abra sua boca se não tem certeza do que está falando ou tenha a humildade para reconhecer que não sabe. Estude, não seja preguiçoso! ESTUDE, ESTUDE, ESTUDE, ESTUDE.

## *Hack* bônus 2 – Descubra os motivos pelos quais você deve lutar

Você já assistiu ao filme *Cinderella Man*? No Brasil, o título do filme é *A Luta pela Esperança* e é sobre um boxeador que realmente existiu nos anos de 1930 nos EUA, chamado Jim Braddock.

O site *Adoro Cinema*, cita a seguinte sinopse:

> Jim Braddock (Russell Crowe) era considerado um prodígio do boxe, mas foi obrigado a se aposentar prematuramente devido a uma série de derrotas no ringue. Com os Estados Unidos em meio à Grande Depressão, Jim aceita viver de bicos para poder sustentar sua esposa, Mae (Renée Zellweger), e os filhos. Jim sempre sonhou com a oportunidade de retornar ao mundo do boxe e tem sua chance quando, devido a um cancelamento de última hora, é escalado para enfrentar o 2° pugilista na disputa do título mundial. Para surpresa de todos, Jim vence três lutas consecutivas, mesmo sendo bem mais magro que seus oponentes e tendo ferimentos nas mãos. Ele passa então a ganhar o apelido de "Cinderella Man" e se torna o símbolo de esperança dos desprivilegiados da época. Até que precisa enfrentar seu pior oponente: Max Baer (Craig Bierko), o atual campeão mundial dos pesos pesados, que já matou dois lutadores no ringue.
>
> Adoro Cinema, s.d.

Existe uma cena incrível na coletiva de imprensa, antes da luta pelo título, em que um jornalista faz a seguinte pergunta para Jim Braddock:

☑ **"Pelo que você está lutando?"**

E ele responde:

☑ **"Luto pelo leite."**

Ele estava lutando pelo leite dos seus filhos. Como tantos outros, ele lutava contra a pobreza, lutava pela sua família. Realmente tinha encontrado o propósito certo pelo qual subia no ringue. Feliz é quem faz o que ama! É no que eu acredito, pois, às vezes, não é fácil fazer o que você ama. Porém é sempre importante trilhar o caminho do que você ama.

Acredito muito na instituição da família. Meu maior ato de empreender é ser pai, o momento em que meus filhos estão comigo, eles são minha prioridade. Eu sempre fui uma pessoa que quis construir minha história e não me arrependo de nada do que eu fiz.

Não deixe de construir o seu sonho. Se você tem a oportunidade, construa a sua felicidade. Sempre lidei muito bem com o "problema", pois entendo que você tem dois caminhos:

1. Ou você desiste;
2. ou usa o problema como um degrau, para chegar onde você deseja.

Não é fácil, não é simples. Porém eu sempre construí dessa forma, se o problema aconteceu tem que ter algum motivo. Se o problema acontecer, vamos aprender a lidar com isso. Tire sempre o melhor. Se olhar por vários ângulos, você encontrará algo positivo.

Eu sou uma pessoa de propósito. E aconselho: nunca abaixe a cabeça para as coisas em que você acredita. Pelo que você está lutando?

CAPÍTULO 9

# Zenão e o estoicismo

# INTRODUÇÃO

## Levanta, sacode a poeira e dá a volta por cima, por Rafael Mendes

Meu conselho é: continue aprendendo, estando ao lado de pessoas que sabem mais. E tente não ficar vidrado só em *vendas*, faça esporte, tenha hobbies e traga novos insights para o seu dia a dia. Não queira ser um profissional quadrado!

> "À medida que formos pessoas melhores e trabalharmos mais uns com os outros, nossas equipes serão mais fortes, nossos relacionamentos com nossos clientes serão mais fortes e nossas relações internas serão mais fortes."

Trabalhe para realizar e contribuir com o próximo. Se você é capaz de realizar, construa um time, pois ninguém faz nada sozinho. Sempre busquei me aproximar de pessoas que são melhores do que eu ou que são complementares a mim. As derrotas que sofri me fizeram ter a certeza de que amo empreender, não tenho vergonha de expor isso.

Deu algum problema? Aprenda, vá resolver e acabou. Pense o seguinte: ainda estou aprendendo com tudo isso. Desistir não é uma opção!

# ZENÃO E O SURGIMENTO DO ESTOICISMO

## ANTES REFLITA:

> *"Um jovem estava falando um monte de coisas sem sentido, então Zenão disse a ele: 'É por esse motivo que nós temos duas orelhas e apenas uma boca, para que possamos ouvir mais e falar menos'."*

Zenão, citado por Diógenes Laércio, *As vidas e opiniões de filósofos eminentes*, Livro VII, 1, 9.

Zenão de Cítio foi o fundador do estoicismo, conhecido como o encontro do bem viver, muito discutido atualmente. Ele nasceu na Ilha de Chipre no ano de 334 a.C. e, por volta do nos 300 a.C., criou a filosofia estoica.

Na história de Zenão, conta-se que ele nasceu em uma família de comerciantes de púrpura, muito cara na época. Houve, então, um naufrágio em que muitas pessoas morreram e toda a embarcação se perdeu, fazendo Zenão sofrer por ter sido responsável pelo prejuízo que sua família teve. Essa ausência de dinheiro e a responsabilidade que ele atribuiu a si mesmo, ainda que não tenha sido responsável pelo naufrágio, fez com que ele se mudasse para Atenas, a fim de entender o que era, de fato, importante na vida dele.

Naquela época, era comum gregos irem a oráculos, que era como uma pergunta que eles faziam ao templo e era respondida por uma sacerdotisa. Nessa experiência, Zenão perguntou ao oráculo o que ele poderia fazer para aproveitar melhor a vida, e a resposta foi que ele deveria conversar com os mortos. A princípio, ele não entendeu como faria isso, mas seguiu com sua vida.

Um dia, ele estava em uma livraria e lá estava acontecendo uma palestra sobre Sócrates, que viveu entre 470 a. C. e 399 a.C. Sócrates foi um homem que sofreu uma condenação por ensinar os jovens, esse foi o crime dele, de acordo com os seus acusadores. Ele foi o criador da maiêutica, filosofia que se trata sobre o "parto de ideias", ou seja, como mestre, ele ensinava seus discípulos a desenvolver a sua inteligência, reafirmando a visão de que ninguém é ignorante e todos devem colocar para fora o seu potencial.

Ao ouvir sobre Sócrates, Zenão lembrou-se do que havia ouvido do oráculo, entendendo que conversar com os mortos significava ler autores e pensadores que já haviam morrido. Apesar de Sócrates não ter escrito de fato nenhum livro, há textos que explicam os seus ensinamentos e pensamentos. Assim começou o desenvolvimento do pensamento de Zenão.

Uma das histórias é sobre um diálogo entre um homem que queria ser herói e duas mulheres, a Virtude e o Vício. O conselho da Virtude nesse diálogo era de que, para se alcançar as virtudes, o caminho é difícil. Então o que ele deveria fazer era trabalhar arduamente para que seu corpo fosse escravo da sua mente. Já o conselho da outra mulher, o Vício, era de que ele deveria fazer o que seus desejos mandassem sem refletir, apenas viver. O ensinamento que Zenão absorveu a partir dessa história é o de que temos, dentro de nós, vozes que nos impulsionam ao vício, em um caminho fácil, e outras que nos impulsionam às virtudes, um caminho mais difícil, mas que nos levam ao desenvolvimento profundo de quem somos.

Depois de conhecer e estudar sobre os pensamentos de Sócrates, Zenão ouviu falar de outro filósofo, chamado Crates, de quem se aproximou e pediu para ajudá-lo a se tornar um filósofo. Assim, Crates deu a Zenão uma panela grande e pesada, cheia de uma sopa de lentilhas, e pediu para que ele a carregasse pela cidade. Nessa época, o trabalho braçal na sociedade grega não era bem-visto nem valorizado, era considerado um trabalho de quem não gastava tempo com pensamentos. No entanto, por obediência, ele fez o que Crates mandou, mas levou a panela pelas ruas mais vazias da cidade, onde ele não pudesse ser visto pelas pessoas fazendo aquele trabalho considerado pouco nobre.

Ao perceber a estratégia de Zenão, Crates foi atrás dele e quebrou a panela com seu cajado, derrubando toda a lentilha no discípulo. O mestre questionou Zenão sobre sua atitude, o porquê de ele sentir vergonha e preferir andar pelas ruas vazias. Ele disse ao jovem discípulo que não havia motivo para fazer isso e que ele deveria se libertar do medo do que as pessoas poderiam pensar dele. Do medo, do julgamento que poderia, na cabeça dele, levar as pessoas a não o admirarem. Este, inclusive, é um ensinamento que serviu para Zenão, e serve até hoje para nós. Em um mundo em que a opinião das pessoas pode ser tão pesada, leva-nos a andar por caminhos escondidos, movidos pelo medo desse julgamento.

Baseado nesses ensinamentos e nas experiências que viveu, Zenão começou a construir o que seriam os princípios da filosofia estoica.

## ANTES REFLITA:

*"Zenão dizia: a bondade é adquirida de pouco em pouco, mas ela em si não é algo pequeno."*

Zenão, citado por Diógenes Laércio, *As vidas e opiniões de filósofos eminentes*, Livro VII, 1, 22.

Para ele, o propósito da vida é encontrar o curso suave dela e, para isso, você precisa estar em comunhão com o universo e ser você mesmo. Há um dínamo dentro de cada um de nós, ou seja, uma força, um poder, que faz com que, ao agir com a razão, sejamos capazes de trilhar os melhores caminhos em nossa vida. Desse modo, o nosso corpo está submetido à nossa mente, assim como ele havia dito a Sócrates.

Além disso, é atribuída a Zenão a frase: "É melhor tropeçar com os pés do que com a língua". Com isso, ele quer dizer que, muitas vezes, nós dizemos coisas das quais nos arrependemos porque elas não deveriam ser ditas. Algumas vezes, esse arrependimento não leva prejuízos a ninguém, mas em outros momentos, demonstra que nos perdemos e não ouvimos mais do que falamos. Atualmente, isso pode se aplicar ao que escrevemos para nos comunicar com as pessoas, seja em mensagens ou publicações na internet, por exemplo. Isso porque as palavras têm muito poder, o sentido e o efeito delas no mundo é grande demais para serem ditas por impulsividade, sem passar pelo filtro da razão, especialmente, se elas geram consequências ao mundo e a mim mesmo.

## Lógica

Há uma lógica no universo: há coisas que dependem de mim e outras que não. Para Zenão e o estoicismo, aquilo que não depende de nós, sobre as quais não temos controle, devem ser aceitas.

ANTES REFLITA:

*"Se você usar a força contra mim, meu corpo pode estar com você, mas minha mente estará em Estilpo."*

Zenão, citado por Diógenes Laércio, *As vidas e opiniões de filósofos eminentes*, Livro VII, 1, 19.

## Física

A física diz respeito ao estudo da natureza. Zenão, ao olhar para a natureza, parte da teoria monista, que crê que tudo vem de um ser, tudo nasce desse ser, nada está por acaso dentro do universo e tudo tem uma harmonia entre si. Portanto, na criação, tudo tem algum sentido, ainda que fuja da nossa compreensão.

ANTES REFLITA:

*"Quando for conferenciar com qualquer pessoa, especialmente com alguém que pareça superior a você, pense consigo mesmo como Sócrates ou Zenão se comportariam em tal situação, e você não terá dificuldades para encarar o que quer que aconteça."*

Epicteto, *Encheiridion*, 33.

## Ética

Sobre a ética, Zenão traz a dimensão da racionalidade humana. Nesse sentido, o norte da vida humana deve ser a felicidade. Sob essa ótica, ele se inspira em um conceito aristotélico, chamado *eudaimonismo*, que afirma que a felicidade e a completude que buscamos está, antes de tudo, dentro de nós. Isso não elimina a necessidade de relações com outras pessoas, mas devemos partir sempre de dentro de nós. Outro conceito relacionado à ética é a *ataraxia*, referente à ausência de perturbações ou inquietações da mente, que auxilia no alcance da felicidade.

Sobre a ausência de perturbações, devemos ter o pensamento voltado às coisas que dependem de nós, aquilo que está sob o nosso controle, que é o que podemos transformar. As atitudes das outras pessoas, na opinião delas, se vai fazer sol ou se vai chover, o que aconteceu no passado. Nada disso está sob o nosso controle e não deve nos causar perturbações.

### ANTES REFLITA:

> *"É como disse Zenão: 'Mesmo na mente do sábio, uma cicatriz permanece depois que a ferida está completamente curada.'"*
>
> Sêneca, *Sobre a Ira*, Livro I, 16.

Dessa maneira, o estoicismo liga-se à vivência do presente. Então o passado, como dissemos, não pode ser transformado. E o futuro, da mesma forma, não está ao nosso alcance, porém dependerá apenas do que fizermos no presente. Devemos, então, seguir o nosso caminho no presente, a cada dia, aceitando o que depende de nós e fazendo o que é possível, o que é controlável. O resto, precisamos deixar seguir o seu curso natural, também aceitando, porque está além das nossas capacidades, além do nosso alcance.

Portanto, a partir da compreensão de como Zenão viveu e como chegou ao pensamento estoico, podemos nos tranquilizar e buscar a paciência, para transformar o que podemos fazer e também para aceitar o que está fora do nosso controle. Esses ensinamentos estoicos fazem sentido, pois não nos deixam abater e, até mesmo, adoecer pelo que já passou, nem nos deixa sermos tomados pela ansiedade do que virá. O que está sob nosso controle é o presente e é nele que devemos permanecer, buscando trilhar nosso caminho em direção à vida feliz que queremos viver, fiéis aos nossos princípios e nos cercando de pessoas que estejam em sintonia conosco.

CAPÍTULO 10

# Sabedoria romana

# INTRODUÇÃO

## O dia em que eu fui pego no flagra por um funcionário, por Rafael Mendes

ANTES REFLITA:

*"Lembre-se de que você é um ator em uma peça de teatro em que o Diretor faz as escolhas — se for uma peça curta, então será curta; se for longa, então será longa. Se for do agrado do Diretor que você represente o papel de um homem pobre, ou um deficiente, ou um governante, ou um cidadão comum, certifique-se de atuar bem. Pois este é o seu trabalho: atuar bem no papel que lhe foi dado, mas escolhê-lo pertence a outra pessoa."*

Epicteto, *Encheiridion*, 17.

Bom, vamos lá... Fundamos a RP Trader® no dia 10 de maio de 2018. Nessa época, nós não tínhamos cliente pagante *(e isso durou 7 meses)*, mas já tínhamos o famoso custo fixo *(5x funcionários/folha de pagamento, energia, impostos, contador, internet, cafezinho, papel higiênico e uma infinidade de itens)*.

Meu primeiro sócio, na época, tinha um acordo comigo:

- ☑ Ele pagava os custos fixos, pois ele já tinha outra empresa.
- ☑ Eu tocava o negócio, mas não tinha nenhum salário *(Foi assim por 11 meses... Dei muita aula à noite e treinamentos em empresas para ter alguma renda, foram dias maravilhosos de aprendizado e de desenvolvimento da minha inteligência emocional)*.

Então, para economizar nos custos fixos, eu disse a esse sócio que limparia a nossa microssala (que era o nosso escritório). E foi assim por 6 meses. A sala era muito quente, por isso tive que tirar a camisa. Desculpe-me, isso é o mais próximo de um "nudes" que já fiz (risos).

Para me ajudar a limpar o escritório, minha esposa começou a entrar mais tarde na empresa onde ela trabalhava. Então, toda segunda e quarta, nós íamos às 7h da manhã limpar o escritório, pois o expediente da empresa começava às 8h30 (DICA: Aprenda a valorizar os que estão ao seu lado independentemente das circunstâncias).

Até que em um dia, um colaborador chegou mais cedo e acabou vendo aquela cena, e o rosto dele era de espanto: "O dono da empresa junto com sua esposa limpando o escritório!" Na hora a única coisa que me veio à cabeça foi: "Limpa o sapato no pano de chão, porque nosso chão tá branquinho! Pelo amor de Deus..."

Às vezes, fico pensando no quanto as pessoas perdem tempo com o que os outros pensam a seu respeito. Juro por Deus, eu sabia que daria certo o meu negócio e que limpar o chão, que é um trabalho tão importante e digno como qualquer outro, era algo temporário, pois em algum momento teríamos uma virada de chave (DICA IMPORTANTE: Não despreze os pequenos começos).

Eu tinha uma fé tão intensa... Mesmo com alguns membros da minha família dizendo que eu devia realmente voltar a pensar em conseguir um trabalho novo (DICA: Sua família te ama, porém chegará uma época em que é fundamental filtrar alguns conselhos). Logo, a lição que eu tirei deste acontecimento:

☑ Que meus sonhos me movem muito mais do que qualquer fator externo!

## SABEDORIA ROMANA – OS ESTOICOS E A ARTE DE VIVER

Como já dissemos anteriormente, a filosofia estoica inicia-se com Zenão de Cítio. A origem do nome "estoicismo" vem do lugar onde os ensinamentos estoicos eram transmitidos por mestres aos seus discípulos, a "estoa". Isso é interessante, porque desconstrói uma visão de que a filosofia tem como espaço de ensino e aprendizagem apenas o espaço acadêmico, já que, por muito tempo, ela foi ensinada, inclusive por Sócrates, nas ruas.

Conforme o tempo foi passando, a filosofia passou por um processo em que se transformou em uma ciência mais teórica e acadêmica, mas essa visão mais prática dela é importante, especialmente quando pensamos em como podemos viver o estoicismo todos os dias de nossas vidas. Isso vale para diversas linhas filosóficas que tratam de assuntos de interesse popular, por isso, devem ser discutidas nos mais variados espaços. Dessa forma, era assim que os estoicos disseminavam seus pensamentos, ensinando as pessoas em um pórtico, que é um local coberto à entrada de um templo ou de um palácio. **Traduzindo, a palavra "*stoa poikilé*" significa "*pórtico pintado*".**

De acordo com o Dicionário Online, o significado de "pórtico" é: "Espaço coberto cujo teto está amparado por colunas ou pilares e que pode ser usado como entrada ou vestíbulo". Assim, quem ficava na "estoa", no **"pórtico de entrada"**, era conhecido como estoico.

Gostamos de pensar que a filosofia já nasceu resiliente, pois não se tinha um espaço aconchegante, e sim um extremamente improvisado. O estoicismo concentra-se em tratar de questões da vida, questões de conduta e do comportamento humano. A filosofia estoica dá muita ênfase aos aspectos morais das questões humanas.

Neste capítulo, nos concentramos em abordar o estoicismo romano, que inicia seus ensinamentos na civilização romana no fim da República Romana. Essa presença estoica inicia-se nesse período, porque, após a monarquia, a sociedade romana estava passando por problemas morais sérios, e na República esses problemas continuaram. Então, no fim da República, a população romana estava reclamando que os políticos estavam agindo em defesa de interesses próprios, sendo, inclusive, acusados de corrupção e roubo. Os políticos perderam a sua credibilidade e estavam lutando cegamente pelo poder. Então, por conta da decadência moral de Roma, as escolas filosóficas que abordavam a moral foram ganhando espaço, como se representassem um remédio para uma sociedade decadente. Foi nesse momento que o estoicismo ganhou espaço.

Abrindo um parêntese, podemos pensar que, dada a realidade atual da nossa sociedade, a filosofia estoica ganhar novamente destaque faz sentido, se pensarmos em tantas questões morais que têm sido desrespeitadas atualmente. Portanto, os ensinamentos estoicos serviram para a sociedade romana do final da República e servem também para o que vemos e vivemos nos dias atuais.

Agora, adentraremos no estoicismo e seus princípios. O pressuposto estoico baseia seus pensamentos no Universo sendo regido por uma lei. Ao olhar para a natureza, para o desenvolvimento das pessoas, as coisas não acontecem ao acaso, mas tudo tem uma intencionalidade e um propósito.

Esse princípio não se restringe a fenômenos que somos capazes de explicar, mas também a outros fenômenos, que, segundo eles, poderiam, em algum momento da história, serem explicados. Ele se aplica a tudo, até mesmo a situações que vivemos em nossas vidas — eu e você estamos vinculados a esse princípio, a essa lei. Desse modo, o Universo é o cosmos, ou seja, a organização do caos anterior, a partir de uma única lei.

Para os estoicos, essa lei é justa, uma vez que é inaceitável que a injustiça possa gerar vida e sustentar o universo. Portanto, se há uma lei e há um universo organizado, ela só pode partir da ideia de justiça.

Além disso, os estoicos são conhecidos, por acreditarem que essa lei é justa, como pessoas firmes. Assim, se eu acredito no princípio estoico anteriormente citado, acredito também que tudo acontece a partir dele e, por isso, deve ser aceito como justo. Nessa perspectiva, não há motivos para lamentações e reclamações em relação ao que acontece, porque todos os acontecimentos estão submetidos a essa lei, que organiza todas as coisas no Universo, até o que acontece na minha e na sua vida. Sendo assim, há uma aceitação ativa das coisas que acontecem. A ação só é possível a partir dessa aceitação, e não da reclamação.

Seguindo a aceitação de um destino, chegamos a uma única certeza: a morte chegará a cada um de nós. Os estoicos, tendo essa certeza, buscam se preparar para ela. Pode parecer algo ruim e fatalista, mas ignorar a morte é somente um autoengano, que os estoicos não têm interesse em praticar. A morte pode ser uma excelente conselheira, uma vez que nos ajuda a perceber o que, de fato, importa e tem valor para nós. Olhar para a morte traz uma perspectiva de valorização da vida por meio de uma vivência fiel ao que realmente tem importância para cada um. Logo, devemos nos perguntar "pelo que estamos dispostos a morrer" e chegaremos à resposta sobre "pelo que estamos vivendo". O caminho contrário é o mesmo, se não encontramos nada pelo que poderíamos morrer, também nos vemos perdidos em relação aos motivos pelos quais vivemos.

Mais um princípio é que devemos viver segundo a natureza. Para os gregos, as coisas se definem pelo que elas têm de únicas. Nesse sentido, o que os estoicos querem dizer é que devemos viver de acordo com a natureza humana, não como os animais, as plantas, as pedras ou qualquer elemento da natureza. Dessa forma, o que é típico do ser humano e é só dele é a **Razão**, que não se refere simplesmente a pensar, algo o que os animais também podem fazer. A Razão diz respeito à reflexão, à análise das situações vividas, ao conteúdo do que pensamos, que nos trará a verdadeira felicidade. A Razão, diferentemente do que muitos afirmam, é essencial para sermos felizes. Isso porque quando passamos por situações difíceis e refletimos sobre as implicações delas, entendemos o motivo pelos quais passamos por elas, e esse é o caminho para a nossa felicidade.

Pensando nesses princípios, abordaremos um pouco sobre os ensinamentos de Sêneca em seu estudo *Sobre a brevidade da vida*, que traz afirmações sobre como devemos utilizar e administrar o nosso tempo. De início, ao pensar novamente sobre a morte, devemos viver nos preparando para ela, como afirmamos que os estoicos buscam viver. Somos levados a lidar com a verdade indiscutível da vida: nós vamos morrer e saber disso nos leva a aprender também a viver.

Ainda sob esse viés, não podemos afirmar que temos pouco tempo, temos o tempo que temos e devemos utilizá-lo de maneira sustentável, empregando-o em situações que valham a pena; para não haver arrependimentos ou um sentimento muito comum atualmente, o de que "perdemos tempo". O tempo é um recurso finito e não pode ser recuperado, diferente, por exemplo, do dinheiro, que, muitas vezes, é mais valorizado. Obviamente, não sabemos quanto tempo temos de vida, por isso mesmo não devemos desperdiçá-lo hoje.

Para Sêneca, o melhor dia é o que estamos vivendo, nem o que passou nem o que virá. Essa escolha de que a vida boa chegará a nós quando, por exemplo, chegarmos à aposentadoria, é um erro. Se não soubermos viver bem o agora, tampouco saberemos viver bem o futuro, se é que ele vai chegar. E mais, ainda que o futuro chegue, para ser feliz nele, é preciso viver bem e ser feliz hoje. Valorizar o presente, para os estoicos, é fundamental. Assim, a vida tem seu valor não pela extensão de tempo que vivemos, mas pelo peso de cada momento!

Por fim, terminamos este capítulo com uma frase de Marco Aurélio:

*"Viva o dia de hoje como se fosse o último dia da sua vida."*

Essa ideia não é para estimular as pessoas a se jogarem nos vícios e nos exageros, mas para trazer o incentivo às resoluções das questões mais importantes para você, vendedor. Essa visão é uma maneira de nos mostrar que, apesar da vida corrida que vivemos, as coisas que nos importam de verdade precisam ter espaço para serem realizadas em nossas vidas. Esse ensinamento resume algo essencial que os estoicos nos ensinam sobre como queremos viver para alcançar a felicidade. Sabendo que o tempo é finito, que a morte é certa e que temos nossa Razão, nos permite refletir e fazer escolhas que façam sentido profundo em nossas vidas hoje.

Assim, vendedor, prepare-se para as situações adversas, separe os fatos das interpretações (evite o olhar negativo enviesado), e procure dedicar-se e ter foco naquilo que está a seu alcance controlar. São princípios que precisam ser exercitados para funcionarem. E o melhor momento para começar é agora, não é mesmo?

CAPÍTULO 11

# A lógica estoica

A lógica estoica é mais abrangente do que entendemos por lógica. Ela trata de assuntos referentes aos raciocínios, à palavra e à razão. A área do conhecimento que diz respeito a essa parte da lógica estoica é a ***"Epistemologia"***.

A Epistemologia está relacionada à teoria do conhecimento e é a área que nos garante ter raciocínios corretos, não distorcidos sobre as situações. Afinal, são eles que determinam as nossas ações. Nesse sentido, à medida que recebemos informações do mundo, vamos construindo representações, que podem ser positivas ou negativas. Essas representações gerarão em nós sensações, emoções, pensamentos e percepções. É a partir da maneira como elas chegam até nós e como as vemos e sentimos que agiremos em nossas vidas.

É por isso que os estoicos se preocupam com a correção dos nossos pensamentos. Eles são determinantes para agirmos na direção da nossa felicidade ou nos afastando dele, caso nossas ações partam de representações incorretas. Nosso conhecimento se origina do que recebemos do mundo externo, logo, a lógica estoica vem para nos ajudar a construir representações corretas sobre o que se apresenta para que sigamos sempre no caminho correto da vida que buscamos.

Se parar para refletir sobre isso, entenderá que a lógica se aplica a todas as áreas da sua vida, uma vez que a representação gera pensamentos e sentimentos que levam às nossas ações. Essas ações influenciam desde as pequenas decisões, como o restaurante onde você almoça, até as grandes decisões, como aquelas que podem afetar a sua saúde e as suas relações pessoais e profissionais, e também das pessoas com quem você se relaciona ou que sofrem as consequências negativas ou positivas das suas escolhas. Como uma filosofia comunitária e não individualista, os estoicos preocupam-se com os pensamentos corretos, porque eles acabam por afetar toda a comunidade.

A partir dessa ideia, é preciso entender o que é uma representação clara e correta. Para os estoicos, ela é determinada pelo existente, ou seja, não é fruto de uma alucinação nem produto da imaginação de um indivíduo, e sim real e palpável. Além disso, ela deve ter conformidade com o existente, isto é, ela é verdadeira, baseada na realidade. Por fim, ela reproduz na alma da pessoa as mesmas características do objeto ou das situações.

No entanto, para os estoicos, nem sempre o que parece é. Assim, nem sempre as representações traduzem situações que sejam de verdade. Se pensarmos na realidade atual, temos inúmeros exemplos de notícias que distorcem a realidade e que são tomadas como representações corretas, mesmo sendo incorretas, gerando pensamentos e sentimentos que levam a ações que, por sua vez, estarão também equivocadas.

Dessa maneira, como os estoicos lidam com essas representações para fazerem um julgamento adequado delas? Como pensadores que não têm pressa para concordar ou discordar de situações, eles partem para o caminho da análise e da reflexão, investigando para, depois, chegar a uma conclusão e construir uma representação, desta forma, correta.

Ao pensar sobre essa visão estoica, podemos acreditar que ela se aplica apenas às situações evidentemente negativas, que se apresentam em nossas vidas. Entretanto, pelo contrário, ela também serve para as situações tentadoras e atrativas, que aparentemente são positivas e corretas, mas que futuramente podem gerar arrependimentos e consequências negativas.

É por isso que os estoicos não têm pressa e aconselham cada um de nós a tomar um tempo, não agir por impulso, e sim apenas após refletirmos muito sobre como devemos lidar com as situações a partir de representações corretas. Como exemplo disso, podemos pensar no consumismo, que, muitas vezes, nos tenta a comprar produtos que podem não ser ideais para aquele momento ou que custam mais do que podemos pagar e nos geram dívidas. Se pararmos para refletir, talvez sejamos capazes de construir representações corretas diante de uma superoferta, e também pesquisar melhor, esperar outro momento mais adequado para fazer aquela compra, por exemplo.

É possível citar diversos outros exemplos que nos provam que agir sem refletir, sem pensar, pode nos levar a consequências péssimas a partir de ações contrárias à vida feliz que buscamos. Ou seja, a lógica estoica se mostra um instrumento para nos aproximar da correção das representações que temos sobre pessoas, situações e sobre o mundo, para consequentemente, nos aproximar também do caminho que determinamos ser o melhor para as nossas vidas.

Em conclusão, fica claro que o segredo para agirmos a partir de representações corretas, segundo a lógica estoica, é analisar cada situação com calma, sem pressa ou movidos pela impulsividade. É preciso ter um diálogo interno, uma busca por ouvir e falar consigo, sem as intromissões externas para que se faça uma análise livre de olhares tendenciosos das situações.

CAPÍTULO 12

# A física estoica

Conforme apresentamos, o estoicismo pode ser dividido em três áreas principais: física, lógica e ética. Esses são os pilares que o compõem. Neste capítulo, iremos explorar a física estoica. Apesar de todas essas áreas estarem interconectadas, podemos dizer que a física serve como base.

A física estoica abrange o que hoje chamamos de ciências naturais, tal como a biologia. Por intermédio dela, na época, os estoicos buscavam entender como o mundo funcionava e qual era o lugar do ser humano nele. Para os estoicos, o mundo nasceu de dois princípios: um ativo e outro passivo. O princípio ativo seria Deus, e o passivo, a matéria. Vale ressaltar que o conceito de Deus para os estoicos é diferente do conceito judaico-cristão.

No estoicismo, Deus não é uma entidade personificada da qual fomos feitos à sua imagem e semelhança. Tampouco é um ser com vontade própria. Deus é o princípio racional que se mistura à matéria para dar origem aos quatro elementos: ar, água, terra e fogo. Usando estes quatro elementos, então, tudo é criado: as estrelas, os planetas, os mares, os animais, as plantas, as rochas, o universo em si.

O conceito de Deus, então, é também chamado por outros nomes pelos estoicos. Diógenes Laércio era um famoso doxógrafo, ou seja, alguém que compilava a vida e a obra dos filósofos gregos antigos. Ele define Deus em sua obra como uma substância única, não importando o nome pelo qual fosse chamado. Alguns o chamavam de Zeus, outros de destino, de mente, razão ou providência. É o princípio racional que ordena a matéria e dá origem ao mundo.

Observando esse universo sabiamente ordenado, os estoicos chegam ao seu princípio máximo: *a vida conforme a natureza*. Se o mundo natural é perfeito, só nos resta entendê-lo e nos adequar a ele. A física estoica é naturalista, pregando, assim, o alinhamento do ser humano com a natureza.

Dessa maneira, podemos afirmar que o estoico vê o mundo como um ser vivo, pulsante e inteligente. A razão universal se manifesta em todas as coisas que existem, porém de formas diferentes. As rochas se mantêm unidas e num estado de coesão. Já as plantas nascem, crescem, se reproduzem e morrem. Os animais, por sua vez, além de seguirem essa ordem natural, diferenciam-se do reino vegetal através do impulso e da ação ao caçar ou se proteger, por exemplo. Quando chegamos, finalmente, ao ser humano, adicionamos a todas essas características o pensamento e a razão. Nesse sentido, o ser humano pode agir e pensar sobre suas ações.

Sendo assim, os estoicos prezam muito o uso da razão, como forma de olhar e vivenciar as experiências, para que nós possamos tentar entender o nosso lugar no mundo. Se apenas buscamos o conforto e evitamos dores ou esforços para que possamos evoluir, estamos nos comportando como os animais, agindo apenas por impulso. Portanto, o estoicismo leva o ser humano a viver sua vida refletindo sobre suas ações e alinhando-se à razão do mundo natural à sua volta.

CAPÍTULO 13

# A ética estoica

## O HOMEM MAIS HONESTO E ÉTICO DO MUNDO, POR RAFAEL MENDES

Todos os dias, a primeira coisa que faço ao me levantar é arrumar a minha cama, esticar o lençol, dobrar os cobertores e organizar os travesseiros. Minha esposa já até se acostumou. Faço isso até quando durmo em um hotel. Sabe por quê? Aprendi esse simples ritual com o meu pai, Paulo Darci de Aguiar. Sim, o sobrenome dele é diferente do meu, pois ele foi o pai que me criou e ao meu irmão. Foi ele que nos deu dignidade, honestidade e, acima de tudo, nos ensinou a sermos verdadeiros e éticos.

Eu me lembro de uma vez quando tinha 9 anos e tinha mentido, e ele me deu um castigo interessante. Comprou um caderno de dez matérias, que devia ter umas 150 folhas, e me fez escrever, folha por folha: "Eu nunca mais vou mentir". Levei uma semana para terminar isso. Guardo na memória essa maneira de me disciplinar e do referencial de homem ético e honesto que ele era.

No início dos anos 2000, ele era caminhoneiro e sofreu um acidente com o caminhão que tinha. Sabe o que ele fez? Simplesmente ergueu a cabeça, sem reclamar! Nunca o vi reclamar do trabalho. Nunca vi um palavrão sair dos lábios dele, nunca o vi fraquejar até que, anos mais tarde, teve um começo de um infarto. Porém, mesmo assim, era duro como uma rocha.

Eu não sei você, caro leitor, mas vi dentro da minha casa que não importa a sua condição financeira, as suas adversidades, o que de fato importa é ser *honesto* e ético. Carrego isso através do pai que me criou, e hoje eu o "honro" aqui neste livro.

## A ÉTICA ESTOICA

Neste capítulo, abordaremos a ética estoica. Porém, antes de apresentar mais detalhes sobre ela, vamos falar sobre ética no seu sentido mais abrangente. Ela se origina do grego como Éthos, que significa costumes, hábitos e valores de uma sociedade. Ela pauta o comportamento do ser humano. Além disso, oferece reflexões sobre os valores que adotamos, as responsabilidades que assumimos, o sentido dos atos que praticamos e o modo pelo qual tomamos as nossas decisões.

Existem várias formas de se pensar a ética e elas variam de tempos em tempos e de sociedade para sociedade. A dos estoicos é uma dessas formas, uma perspectiva específica. A ética estoica tem forte ligação com a natureza, já que é baseada na física estoica, que cobrimos no capítulo anterior.

Resumidamente, a ética estoica gira em torno de alguns temas:

- ☑ ***Oikeiosis:*** impulso que compartilhamos com os animais através do qual buscamos o que nos é familiar e adaptado para nós em nome da autopreservação. Porém, para nós, seres racionais, a *Oikeiosis* pode vir a desafiar a autopreservação em nome de outras responsabilidades ou deveres. Aquilo que é melhor para nós nem sempre é o mais confortável, fácil ou agradável.
- ☑ **O Bem, o Mal e o Indiferente:** Para os estoicos, tudo o que cabe aos outros decidir é indiferente. Só podemos julgar o Bem (enquanto virtude) e o Mal (enquanto vício) em nós mesmos. Um exemplo disso é um que Diógenes Laércio cita: a riqueza e a saúde. Elas não constituem o Bem em si, porque podem ser utilizadas para o Mal também, dependendo da intenção de alguém. Então não podemos dizer que uma coisa que não controlamos seja boa ou má, mas sim se o uso que fazemos dela é virtuosa ou viciosa.

## A TEORIA DA AÇÃO

Para os estoicos, as ações apropriadas são aquelas que fluem com a natureza e expressam a sua vontade. Como seres racionais, devemos refletir sobre as nossas ações. Como vivemos em sociedade, precisamos ponderar sobre como as nossas atitudes influenciam e impactam os outros ao nosso redor. Constituímos, assim, os nossos deveres.

Epicteto diz que não devemos nos preocupar se a atitude do outro conosco é injusta ou imprópria, mas sim com o que nos é dado para fazer, seguindo a nossa própria natureza. Não é porque o outro me trata mal que eu também devo tratá-lo dessa maneira. Para o estoico, alguém só pode nos ofender se nós aceitamos essa ofensa.

Outro ponto importante no estoicismo é pensar coletivamente e ter coesão social. Não importa se o outro está fazendo o certo ou não. *O importante é que eu o faça!*

## A VIRTUDE

Segundo a filosofia estoica, todo ser humano nasce com a tendência para a virtude, ou seja, agir de forma apropriada e correta. O desafio do estoico é ter constância nas atitudes virtuosas de forma consciente, sempre analisando cada ação tomada.

CAPÍTULO 14

# Epicteto e a arte de viver

# EPICTETO E A ARTE DE VIVER

Neste capítulo, vamos falar sobre como a arte de viver é fundamental para conviver bem consigo mesmo e com os outros. Afinal, "conviver" vem de "viver", e é difícil conviver bem sem antes ter uma preocupação com esse aspecto da vida. Para isso, é necessário ter algum conhecimento de si próprio e estabelecer uma relação consigo. Em outras palavras, é preciso evitar o vazio interior e conhecer a si mesmo. Ilustrando esse tema, vamos falar sobre o livro *A Arte de Viver*, de Epicteto, um filósofo estoico. Esse livro é uma das obras mais interessantes sobre o assunto, e vamos abordar alguns tópicos dele neste capítulo.

Epicteto foi um filósofo romano que amargou a escravidão durante a primeira parte de sua vida. Seu amo era uma pessoa muito geniosa e violenta, portanto, sua vida não foi das mais fáceis. E, mesmo assim, nos anos vindouros, ele nos presenteou com essa obra maravilhosa. A arte de viver é complexa e, muitas vezes, não é incluída na nossa formação ou educação moderna. A educação é, geralmente, tecnicista e utilitária, ensinando apenas o "saber como", mas não o "saber por que", "para que" ou "para onde", que são os objetos de estudo da filosofia.

Em relação a conviver, é importante entender a diferença entre solidão e isolamento. A solidão é necessária e saudável, enquanto o isolamento é ruim e está relacionado à falta de autoconhecimento e diálogo interno. O isolamento não tem nada a ver com a quantidade de pessoas ao redor, e sim com o quanto você está desacompanhado de si mesmo. Para quebrar a solidão negativa, é preciso estabelecer um diálogo interno e conhecer a si mesmo. A solidão positiva, por outro lado, é recomendada por muitas escolas de filosofia e pode ser uma forma de se reconectar consigo mesmo.

Segundo os filósofos Pitágoras e Platão, o diálogo com a própria alma era fundamental. Ter um tempo para si mesmo é fundamental para se encontrar e estabelecer uma relação de solidão saudável. É preciso dialogar consigo, internamente, sem ser superficial, para que haja algo para compartilhar com os outros. Platão, em seus *Divinos Ócios*, nos ensina a marcar um encontro com nossa alma. Já Pitágoras, em seu *Museu*, nos diz para fazer um diário todos os dias. Ambos defendem a necessidade de dialogarmos conosco, buscando nosso próprio encontro, sem preocupações externas, algo que Platão chama de "sadia solidão".

Atualmente, vivemos em um mundo materialista, em que as pessoas se tornaram objetos. É necessário ter uma identidade e uma essência que precisam ser ouvidas e manifestadas. Quanto mais dentro de si mesmo, mais é possível estar com o outro, pois a superficialidade não permite o desenvolvimento de sentimentos profundos. É preciso partir do próprio coração para chegar ao coração das coisas. Quanto mais conectados conosco, conseguimos estar mais presentes nas relações com os outros. Se não estivermos conectados conosco, não conseguiremos estabelecer conexões verdadeiras com os outros, o que os torna apenas úteis e nos leva a manipulá-los.

Flávio Arriano foi discípulo de Epicteto e seus livros são baseados nos ensinamentos dele. Primeiro, escreveu a obra *Discursos*. Na sequência, quis fazer uma síntese e escreveu o *Manual de Epicteto*, também conhecido como *Encheiridion*. Ele foi traduzido por Sharon Lebell, escritora norte-americana, ganhando o nome *A Arte de Viver*. O livro contém máximas que podem ser lidas aleatoriamente e são dotadas de muita beleza. "A felicidade é um verbo. É o desempenho contínuo, dinâmico e permanente de atos de valor. Nossa vida é construída a cada momento, e tem utilidade para nós e para as pessoas que tocamos."

Aqui vemos que a felicidade é definida como um verbo, não como substantivo. Não é algo pronto que você espera encontrar em algum lugar ou alguém lhe entregar. Para alcançar a felicidade, é necessária a ação virtuosa. É fundamental ter um tempo para si mesmo, a fim de construir uma vida útil para si e para as pessoas que nos cercam. Todo ser humano foi feito para ser feliz, de acordo com a sua própria identidade. Por isso, é imprescindível se conhecer. Ninguém pode ser feliz fazendo aquilo que não o toca no ponto mais profundo da alma.

Cada ser vivo tem uma natureza e uma vocação específica. Assim como o maior propósito para uma planta é fazer fotossíntese; para o animal, sobreviver e perpetuar a espécie; para o homem, deve ser buscar a sabedoria, o valor e a virtude para se realizar plenamente como ser humano. Assim, a felicidade não é um fim em si mesmo, mas um subproduto da busca pela excelência moral.

O ser humano se realiza quando age de acordo com sua natureza e sua vocação e quando exerce os valores e virtudes que o tornam um ser humano de verdade. Essa realização é uma conquista contínua de atos de valor e virtude. Não é algo que se conquista com um único esforço, mas que se constrói a cada momento.

Epicteto nos ensina que a felicidade não deve ser buscada como um objetivo em si mesma, mas como um subproduto da busca pelos valores e virtudes que nos tornam verdadeiramente humanos. Buscar a felicidade a qualquer preço nos leva a agir de forma desumana, geralmente, prejudicando os outros e perdendo nossa própria dignidade e honra.

A vida humana tem um propósito e uma utilidade, e cabe a cada um de nós buscar seu lugar no universo, realizando-se como ser humano e somando para a vida das pessoas que nos cercam. Como disse Cícero, "Certifica-te de que és um fator de soma na vida das pessoas de que participas".

Um bom resumo é fundamental para a nossa vida, afinal, no final dela, vamos ter que sintetizar tudo que aprendemos, ensinamos e realizamos. Por isso, é importante ter foco em tudo o que fazemos e buscar entender o que aprendemos, tanto o que foi dito quanto o lido. Quando nos falta esse foco, ficamos dispersos e não conseguimos ver o coração de tudo.

Epicteto acreditava que o homem precisava passar por uma trajetória que vai da ignorância à sabedoria para ser feliz. Isso porque filosofia significa amor à sabedoria, e ela nos ajuda a percorrer esse caminho. Todos os seres são felizes quando vão em direção ao seu ideal, aquilo que justifica sua existência no mundo.

Algumas pessoas podem questionar a importância da filosofia, mas ela é fundamental para a vida, porque é a parceira inexorável que nos ajuda a caminhar para a sabedoria. Fazer um curso de filosofia pode nos ajudar a percorrer esse caminho de forma mais consciente e menos dolorosa, mas a obrigação de caminhar para a sabedoria é de todos, com ou sem curso. A filosofia é a busca pelo aperfeiçoamento, e não pela perfeição. Não podemos desistir de nós mesmos, pois estamos aqui para isso.

A fraternidade é uma das virtudes principais da filosofia, e é importante saber que podemos fazer a diferença na vida das pessoas de forma positiva. Acerca da fidelidade, Epicteto diz: "Fidelidade é atitude correta. É crer na vida como um todo ordenado, segundo Leis. É não querer controlar o que não depende de nós. A fidelidade é o antídoto da amargura e da perplexidade. Crendo na fidelidade, entendemos que a vida não é Caos, é Cosmos. Por mais aleatórias que algumas coisas ou acontecimentos possam parecer, temos que crer que tudo está ordenado e tem um propósito de ser da forma que é. Mesmo que sejam provas da vida, nós crescemos e evoluímos com elas.

Se algo acontece conosco, é porque precisamos viver essa experiência. Não existe caos, apenas um caminho para nosso desenvolvimento por meio da superação das provas.

Segundo Epicteto, a vida é uma escola em que todos devem aprender. E essa escola não seria efetiva se não tivesse dificuldades, problemas e obstáculos. É por meio dessas dificuldades que aprendemos, crescemos e nos tornamos mais fortes. Portanto, devemos aceitar as dificuldades como oportunidades de aprendizado e crescimento, e não reclamar ou nos desesperar diante delas.

Muitas pessoas se interessam em definir sua personalidade, seja através de horóscopos, fisionomia ou outras formas de classificação. No entanto é importante lembrar que somos seres humanos e que nossa vontade pode nos levar a lugares diferentes do que a astrologia ou outras classificações indicam.

Uma das principais ideias de Epicteto é a distinção entre o que está sob nosso controle e o que não está. O que está sob nosso controle são nossas escolhas, nossas atitudes, nossos pensamentos e nossas emoções. O que não está sob nosso controle são as circunstâncias externas, as ações dos outros e, até mesmo, nosso próprio corpo. Devemos focar nossa energia e atenção no que está sob nosso controle, mas não nos preocuparmos com o que não podemos mudar.

Além disso, Epicteto acreditava na importância da virtude, que ele define como agir com sabedoria, coragem, justiça e autocontrole. Devemos sempre buscar agir com virtude em todas as situações e sermos honestos, justos e bondosos uns com os outros.

Outra ideia importante de Epicteto é a aceitação da morte e da impermanência da vida. Ele acreditava que a morte não era algo a ser temido, mas sim uma parte natural da vida. Devemos aceitar que tudo é impermanente e aproveitar o momento presente ao máximo.

A arte de viver, segundo Epicteto, não é algo que possa ser aprendido da noite para o dia. Requer prática constante, reflexão, autoconhecimento e disciplina. Porém, ao seguir seus ensinamentos, podemos viver uma vida mais tranquila, virtuosa e feliz, independentemente das dificuldades que possamos enfrentar.

Uma das práticas mais importantes do estoicismo é o autoconhecimento que leva à autodeterminação. Os estoicos acreditam que é essencial conhecer a si mesmo para alcançar a virtude e a felicidade. Eles também acreditam que é possível construir a si mesmo e moldar sua própria vida. O antigo ditado "conhece-te a ti mesmo" é a base dessa crença.

Outra prática estoica importante é o uso da imaginação. Os estoicos acreditam que é importante escolher conscientemente um modelo de vida para seguir, em vez de ser influenciado pelo que a sociedade valoriza. A imaginação é usada para criar um modelo valioso a ser seguido, que pode ajudar a construir uma vida mais significativa. Para definir a pessoa que se quer ser, é preciso imaginar e imitar um modelo valioso. As sementes de grandeza em nós precisam de uma imagem para se focalizar e germinar. Se não construirmos conscientemente aonde queremos chegar, a sociedade infiltrará um modelo por meio da fantasia, e em pouco tempo, estaremos seguindo um modelo social que nem sempre é aquilo que gostaríamos de ser.

Conhecer a si mesmo e dominar-se é a continuidade da máxima de Delfos. Isso significa se transformar, purificar e elevar a consciência até o ápice da condição humana, o que é o humanismo. Definir claramente a pessoa que queremos ser e imitar um modelo valioso são duas práticas importantes para alcançar essa transformação.

Amar a sabedoria é muito mais do que uma frase bonita. É preciso refletir sobre a sabedoria ao longo da história, sobre os sábios que a humanidade teve e construir nosso próprio modelo. É importante ter um modelo valioso e concreto em mente para nos moldar. Para isso, podemos buscar inspiração em livros que falam da vida de um sábio, por exemplo.

A imaginação e a inspiração são fundamentais para moldar a si mesmo. É como um artista que olha para o modelo e esculpe a pedra. Se não fizermos isso, inconscientemente, estaremos modelando a nós mesmos segundo um padrão imposto pelo coletivo, e nem sempre isso é bom. Os estoicos enfatizam a importância de viver de acordo com os princípios e valores que se acredita, em vez de ser influenciado por pressões externas. Eles acreditam que é possível ser feliz e virtuoso, independentemente das circunstâncias externas. O estoico Sêneca escreveu: “A felicidade é alcançada quando o que você pensa, o que você diz e o que você faz estão em harmonia”.

A filosofia é uma busca que exige coragem. Ela faz a exposição das premissas falsas que moldam nossas vidas e nos levam ao mal. É preciso ser corajoso para assumir essas premissas e encarar a verdade.

Muitas vezes, a filosofia nos mostra que somos invejosos, competitivos, fracos e covardes. É doloroso reconhecer essas falhas em nós mesmos, mas é preciso para que possamos nos transformar. Sem constatação, não há possibilidade de mudança. Além disso, a filosofia nos ajuda a enxergar nossas metas de vida e o que nos impede de alcançá-las. O mal é subproduto da negligência, preguiça e distração em relação a essas metas. A felicidade, por outro lado, nasce do empenho em nosso aprimoramento pessoal.

Para se aprimorar, é preciso assumir responsabilidade por nossas ações e buscar modelos valiosos que nos inspirem. Quando conseguimos responder à vida como seres humanos, merecemos o sono dos justos. Isso significa que hoje encaramos a nossa batalha e ganhamos o dia.

Não é importante ser derrotado, desde que aprendamos com a derrota e extraiamos dela um ensinamento para não sermos derrotados novamente. Às vezes, a negligência é fruto da inconsciência, quando não estabelecemos metas claras para nós mesmos.

A alquimia medieval dizia que alguns seres humanos envelhecem feito certas frutas: passam da fase verde para a fase podre, não amadurecem. A maturidade — chamada de Citrinitas — não é uma questão de simplesmente passar o tempo cronológico, é uma questão de tempo interno que só passa se você quiser que passe. É muito rara e fundamental para a realização pessoal.

Livre seu coração da ambição e do medo, e não ambicione ser outra coisa senão o melhor de si mesmo. A vida excepcional é aquela que dá resposta ao que nos cabe da melhor maneira possível. É importante lembrar que todos os homens morrem, mas nem todos os homens vivem; alguns só sobrevivem.

Para alcançar a identidade e a maturidade, é preciso saber quem somos e o que queremos alcançar. É importante construir objetivos que sejam coerentes com nossos princípios e contribuam para a realização pessoal e para a humanidade. É preciso dar nome certo às coisas, constatar, não julgar. Isso que aconteceu conosco foi positivo ou negativo? Depende! O mal não está na coisa em si, mas em um determinado apego ou em um determinado desejo que essa coisa contrariou e nos tocou de forma particular.

Enfim, para construir a sua identidade e alcançar a maturidade, é preciso ter coragem para mergulhar dentro de si mesmo e fazer as perguntas necessárias: *Quem sou eu? Como eu me realizo? Quais são as coisas que me manifestam no mundo? Os gostos que eu mesmo construí? Quando você vir o rastro, por aqui passou um ser humano. Que maravilha! Passou um ser humano pelo mundo, fiz meu papel!*

O autoaperfeiçoamento é um processo que exige disciplina, precisão e requinte. É uma arte e uma ciência que nos permite desenvolver nossa identidade e dar o nosso recado ao mundo. Contudo é importante lembrar que nada muda de forma fácil. É necessário combater hábitos negativos e vícios, e isso requer tempo e paciência.

No *Livro Tibetano dos Mortos*, o Bardo Thodol — de Walter Yeeling Evans-Wentz —, é dito que a vida só termina quando não há mais oportunidade de crescimento. Por isso, é importante entender que a vida só nos dá oportunidades de crescimento. Não devemos desistir de nós mesmos, mesmo que a luta contra nossos defeitos seja difícil.

Para alcançar o autoaperfeiçoamento, é importante observar nossos pensamentos e sentimentos, nossas verdadeiras motivações e criar um clima para que nossa consciência se eleve. Assim sendo, suscitar sempre pensamentos elevados, uma boa leitura, uma boa música e ter reflexões.

Também, disciplina é fazer o necessário para manter a sua consciência elevada. Faça o necessário para mantê-la elevada e dê a sua batalha todos os dias para a conquista de si próprio.

Devemos também colocar nossos princípios em prática e determiná-los como leis. Chega de desculpas e adiamentos. Devemos decidir sermos pessoas extraordinárias e fazer o que for preciso para sê-las agora.

A vida é uma pedra de amolar: desgasta-nos ou afia-nos, conforme o metal de que somos feitos. Se nos afia é porque nosso metal, nosso aço, não está bem temperado. Devemos nos esforçar para nos tornarmos pessoas melhores a cada dia, para que possamos construir um mundo um pouco melhor porque existimos. Portanto, nunca desista de si próprio. Lute todos os dias pela conquista de si mesmo e pela construção de uma vida mais humana.

CAPÍTULO 15

# Marco Aurélio e a vida de acordo com a natureza

## A VIDA DE ACORDO COM A NATUREZA

Marco Aurélio foi o último dos cinco bons Imperadores de Roma. Ele viveu em um tempo extremamente desafiador. Passou por uma pandemia que se arrastou por 15 anos, passou por agitação popular, desigualdade de renda, decadência cultural, guerras na fronteira, entre outros problemas. Em sua única obra conhecida, *Meditações*, vê-se o porquê de ele ter sido um dos grandes expoentes do estoicismo. Ficou mais conhecido por esse seu diário, no qual expôs toda a sua sabedoria sobre todas as dificuldades que passou em seu Império.

Enquanto seus súditos dormiam, Marco Aurélio refletia sobre seus ideais e aspirações. Em um dos momentos em que mais podemos nos identificar com uma de suas reflexões presentes em *Meditações*, ele diz:

> "Ao amanhecer, quando você tiver dificuldade para sair da cama, diga a si mesmo: Eu tenho que ir trabalhar como qualquer ser humano deve. Do que vou reclamar se estou indo fazer o que nasci para fazer? Ou será que fui feito para ficar deitado, aquecido embaixo das cobertas?"
>
> Marco Aurélio, *Meditações*.

Assim como nós, Marco Aurélio tinha suas obrigações, mas pela manhã também sentia o desejo de permanecer sob as cobertas e não fazer nada. Como imperador, ele poderia fazer isso sem nenhuma consequência imediata. Ele não teria nada descontado de seu salário e ninguém o cobraria de seu atraso. Contudo, mesmo assim, ele fazia questão de se levantar cedo e trabalhar, pois, para ele, era impossível realizarmos algo ficando deitados em nossas camas. Ainda que fosse o homem mais poderoso do mundo, isso não o isentava de suas obrigações. Sabia que, se continuasse a dormir, estaria agindo de forma reativa, como um animal, e não de forma proativa, como um ser humano deve ser.

> "Nossas ações podem ser impedidas, mas não pode haver impedimento de nossas intenções. A mente se adapta e converte para seus próprios propósitos os obstáculos. O que está no caminho torna-se o caminho."
>
> Marco Aurélio, *Meditações*.

Pensando nisso, podemos dizer que há duas formas de viver a vida. Uma delas é fugir dos problemas, fechando seus olhos para o que é desagradável, abandonando as dificuldades sempre que possível e buscando sempre o caminho mais fácil. Já a outra forma é ver a adversidade como oportunidade. É enxergar na dificuldade uma chance para exercitar Paciência, Resistência e Resiliência.

O obstáculo nos oferece aprendizado sobre nós mesmos, sobre a nossa coragem, e também sobre as outras pessoas e certas situações. Era dessa forma que o Imperador Marco Aurélio acreditava ser o melhor. Ele citava como exemplo o fogo, que transforma em cinzas tudo o que é jogado nele. De modo semelhante, devemos usar todas as nossas dificuldades como combustível para as nossas vidas.

Viva a sua vida a partir das quatro virtudes estoicas: CORAGEM, TEMPERANÇA, JUSTIÇA e SABEDORIA.

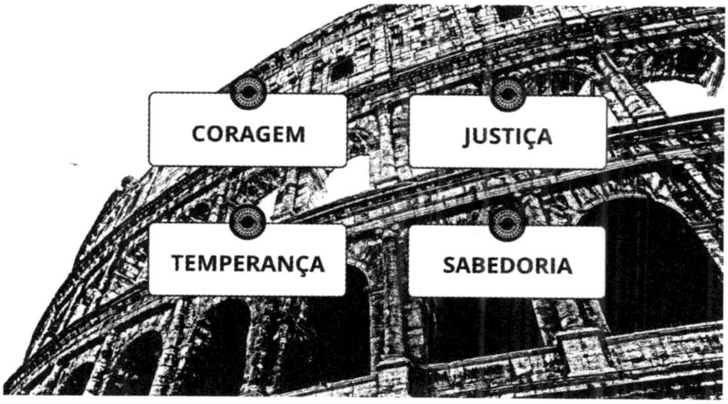


**Figura 18** • Quatro virtudes cardeais do estoicismo.

No tempo em que Marco Aurélio se dedicou a escrever em seu diário, Roma foi invadida e houve uma guerra de 5 anos. Quando a guerra acabou e os soldados romanos que a venceram voltaram para casa, trouxeram consigo o contágio mortal da Peste Antonina. Vendo que Roma sofria com a fome e a praga, numerosas tribos hostis do norte aproveitaram a sua fraqueza e se uniram contra ela.

Diante desse contexto, pelo restante de seu império, Marco Aurélio enfrentou os males da peste e da guerra. Entretanto nunca os mencionou em seu diário. Em vez disso, ele mencionava as quatro virtudes estoicas:

- ☑ Não se colocar acima dos outros.
- ☑ Não se perder no que está mais perto, mas sim ver o quadro maior.
- ☑ Não ceder aos nossos instintos.
- ☑ Não ter medo.

Ele disse que tudo o que enfrentou foi uma grande oportunidade de responder com essas quatro virtudes. "Não construímos nosso caráter na mansidão, mas nas adversidades." Logo, para um estoico, somos prejudicados apenas quando o nosso caráter é afetado.

Quando abandonamos aquilo em que acreditamos, quando abandonamos os nossos próprios padrões. Por exemplo, não gostamos de perder dinheiro, de sermos criticados ou ver um amigo falhar. Todavia em nenhuma dessas situações fomos privados dos nossos valores ou do que acreditamos. Nosso caráter permaneceu intacto. Dessa maneira, é nesses momentos difíceis que ele pode ser construído e fortalecido.

*"Você pode deixar a vida agora, deixe isso determinar o que você faz, diz e pensa."*

Marco Aurélio foi acometido por diversos problemas de saúde, perdeu o pai cedo na vida, perdeu 8 filhos, perdeu entre 10 a 18 milhões de pessoas para a Peste Antonina durante seu império. Resumindo, todas essas situações desafiadoras o deixaram mais atento à prática da máxima latina *Memento Mori,* que significa: "Lembre-se de que você irá morrer".

A maioria das pessoas evita pensar na morte por achar isso desagradável, assustador e triste. Contudo, *Memento Mori* não tem como objetivo deixar ninguém ansioso sobre quanto tempo ainda tem de vida. O propósito, na verdade, é o oposto. É nos libertar através do choque dessa realização. Afinal, quem se preocupa com coisas tão pequenas e fúteis ou ficaria reclamando, chateado e com medo quando pode ser que só tenha mais alguns instantes de vida na Terra?

Sendo assim, vemos que o conceito de *Memento Mori* não é deprimente, e sim energizante e, a partir dele, podemos fazer melhores escolhas a cada dia da nossa vida.

CAPÍTULO 16

# O funil de virtudes do vendedor estoico

## FUNIL DE VENDAS CLÁSSICO

Não dá para falar de vendas, sem falar do processo de vendas, e não dá para falar de processo de vendas sem falar de Funil de Vendas. O Funil de Vendas ficou mega popular graças ao marketing digital, mas já é utilizado por vendas há muito tempo. Essa representação já é clássica e comum no dia a dia da área.

O Funil é uma ótima representação de um processo comercial, pois, em um extremo, temos toda a população de empresas ou pessoas e, conforme vamos avançando no processo de vendas, esse universo de pessoas tende a diminuir. Cada empresa possui o próprio processo de vendas com etapas que refletem especificidades do seu mercado ou produto, mas é sim possível falar em um processo de vendas genérico com quatro etapas principais.

Se você vende, consegue otimizar seu resultado final utilizando o Funil de Funil de Vendas, que é uma prática de venda que passa por etapas. Deste modo, o principal objetivo no início do processo não é vender, mas sim atrair seu público.

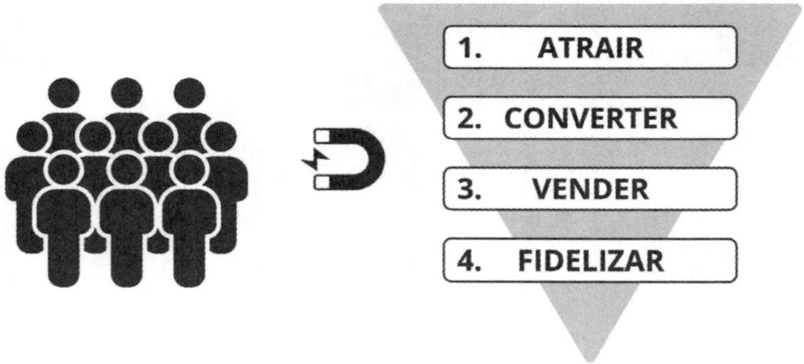


**Figura 19** • Funil de vendas.

O nome Funil vem de como cada etapa acontece. Essas etapas são:

1. **ATRAIR:** despertar o interesse das pessoas pelo seu serviço, produto ou ideia.
2. **CONVERTER:** a definição varia de acordo com o modelo de negócio, se for uma empresa que vende pela internet, por exemplo. Converter pode ser fazer o cadastro em um site ou preencher um formulário. No comércio presencial, pode ser que o consumidor entre na loja, então varia de negócio para negócio.
3. **VENDER:** convencer alguém a fazer algo (comprar), gerando valor para essa pessoa.
4. **FIDELIZAR:** essa é a etapa que normalmente é mais renegada nas empresas. O dinheiro na mesa é mais fácil de pegar, porque é muito mais fácil vender para um cliente já conhecido do que conquistar um cliente novo.

Chamamos de Funil essa venda sistematizada porque, a cada etapa, vamos afunilando, tornando nossa lista de *leads* mais objetiva, mais enxuta. Dessa forma, só chegará ao fundo do Funil a parte mais estreita dele, pessoas e empresas que têm o perfil que se encaixam com o que oferecemos.

Assim, se tivermos cem pessoas no topo do funil, não serão todas que comprarão o seu produto ou serviço. Apenas uma pequena parte delas efetivará a compra. Nesse caminho, é preciso identificar em qual parte você pode melhorar para que consiga converter mais pessoas ou empresas em *leads* e, posteriormente, em clientes fiéis da sua empresa.

Olhar para essas etapas, portanto, é essencial para que a performance em cada uma seja a melhor possível para que você não perca clientes.

Atualmente, existem diversas ferramentas tecnológicas que contribuem para que você, como vendedor ou empresário, seja capaz de analisar cada etapa de maneira eficiente, independentemente se trabalha com vendas na modalidade off-line ou por meio de plataformas digitais. Logo, é preciso conhecer essas ferramentas para definir quais e como utilizá-las a seu favor em cada etapa do funil de vendas.

1. **ATRAIR:** despertar o interesse das pessoas pelo seu serviço, produto ou ideia.
   Como exemplo disso, podemos citar a etapa inicial do Funil de Vendas, aquela em que você *atrai,* geralmente, por meio de fontes

de tráfego pagas ou gratuitas. Podem ser utilizados nesta etapa diversos meios de divulgação, como rádio, TV, internet; seja por meio de publicações em uma página de rede social, por exemplo, ou por meio de propagandas, que podem ser divulgadas em diversos meios físicos, como outdoors, ou utilizando os meios de comunicação citados anteriormente, dependendo de onde está seu público. Isso quer dizer que, já nessa etapa inicial, a escolha de onde divulgar seu produto ou serviço, precisa ser criteriosa. De nada adianta pagar para divulgar em um canal de TV se seu público, por exemplo, está mais presente em uma rede social, seja ela qual for. Portanto, saber onde está seu público permitirá que você faça a melhor escolha para **atrair** esse público nessa etapa inicial do Funil de Vendas.

2. **CONVERTER:** a definição varia de acordo com o modelo de negócio, se for uma empresa que vende pela internet, por exemplo. Converter pode ser fazer o cadastro em um site, ou preencher um formulário. Em loja, pode ser que o consumidor entre na loja, então varia de negócio para negócio.

   É aqui que a brincadeira de vendas acontece! Aqui que começamos a precisar resolver as dores do cliente.

   Depois de atrair seu público, ou seja, de fazê-lo de alguma forma ter contato com o que você oferece, é preciso **converter** esse público em *leads*. Isso pode ser feito a partir de um cadastro que permita à sua empresa entrar em contato com esse grupo de pessoas e iniciar a construção de uma relação com elas. Nesse processo de construir relações, muitas são as maneiras que já apresentamos neste livro. São inúmeras estratégias que podem ser utilizadas, dependendo, é claro, do conhecimento que você tem sobre seus *leads* e de como pode se aproximar deles, criar uma conexão e uma relação de confiança que aumente as chances de ele se tornar um cliente da sua empresa, comprando o que você oferece.

3. **VENDER:** convencer alguém a fazer algo (comprar) gerando valor para essa pessoa.

   Apesar de ser uma frase clichê, é muito verdadeira. Não importa a sua estratégia de atração, é *essencial* buscar **vender** valor para o cliente. Não falar somente do seu produto/serviço, e sim gerar um resultado genuíno de transformação para as dores dele. A Matriz de Atributos e Benefícios, citada anteriormente, é uma excelente ferramenta para apresentação dos benefícios do seu produto ou serviço.

4. **FIDELIZAR:** essa é a etapa que normalmente é mais renegada nas empresas. Este é o dinheiro na mesa mais fácil de pegar, porque é muito mais fácil vender para um cliente já conhecido do que conquistar um cliente novo.

   Depois de vender, também considerando o perfil ou os perfis de seus clientes, é preciso pensar em maneiras de manter essa relação viva, ativa.

   Isso faz com que seus clientes se tornem fiéis à sua marca, voltem a comprar e, até mesmo, divulguem seu produto ou serviço para outras pessoas.

Essa foi uma breve explicação sobre as etapas do Funil de Vendas. A sistematização proposta tem como objetivo ajudar você a segui-las, atentando-se para, em cada uma delas, agir de acordo com o que pode ser mais eficiente para que você alcance o público ideal para seu produto ou serviço, o que aumenta as chances de que suas vendas se concretizem.

## FUNIL DE VIRTUDES

Se você pensar apenas no seu dia de hoje, você provavelmente já teve de fazer várias vendas. Independente do cargo ou da profissão, faz muito sentido que todas as pessoas busquem desenvolver habilidades que para muitos são específicas de vendedores, mas ajudam qualquer pessoa a alcançar seus objetivos.

> Desenvolver habilidades de vendas não deveria ser uma preocupação apenas de profissionais de vendas, assim como desenvolver inteligência emocional não é uma preocupação apenas dos profissionais das emoções, os psicólogos.

Somos seres sociais e precisamos trabalhar juntos para atingir objetivos, por isso a habilidade de vender que é o ato de "convencer alguém a fazer algo (comprar), gerando valor para essa pessoa" — é essencial. Porém nem todos nós somos bons nisso, naturalmente!

Enquanto não desenvolvermos isso, continuaremos frustrados e sem conseguir alcançar muitos dos objetivos que temos ou sem convencer as pessoas a acreditarem em você. Assim como o Funil de Vendas é algo sistematizado, trazendo assim uma "ordem racional para um processo de vendas", nós aprendemos durante os nossos estudos do estoicismo com pesquisas históricas, e também em nossos encontros filosóficos na NOVA ESTOA que:

*O estoicismo é um sistema operacional para os momentos de crise.*

O sistema operacional de um computador é a principal parte de um *software*, que é executado por um computador. O sistema operacional gerencia todos os outros *softwares* e partes do computador, fornecendo uma maneira para você se comunicar com o computador. Sistemas operacionais possuem núcleos, mais conhecidos como *kernel*. Um computador pode ser dividido, grosso modo, entre: *hardware* e *software*. O *hardware* que é a memória, os dispositivos de entrada e saída, e as unidades de processamento, ou seja, é o recurso físico que está no "corpo" do computador. Já o *software* é o sistema operacional que roda em um computador, como aplicativos, navegadores, compiladores. Podemos dizer que *o software* é o cérebro do computador.

Como um aplicativo, que é um *software*, sabe que um *mouse* é um *hardware*? Clicou-se em um dos seus botões? A resposta é: através do k*ernel*, que é o núcleo do sistema operacional.

O *kernel* está em execução desde o momento em que ligamos um computador, até o desligamento. De forma geral, ele cuida das seguintes funções:

A. Gerenciamento de processos;
B. gerenciamento de memória;
C. gerenciamento de dispositivos.

Tudo isso por meio de uma "ponte" de interface entre o *hardware* e o *software*, mais conhecidos como chamadas de sistema. Sim, o estoicismo possui o seu *kernel*/núcleo, que é a ponte entre a nossa "Razão" e nossas "Ações", que são as quatro virtudes cardeais.

As quatro virtudes cardeais do estoicismo são a bússola, para suportar qualquer adversidade da vida. Durante toda a experiência de leitura neste livro, reforçamos a necessidade de desenvolvermos e aprimorarmos as virtudes.

Toda dificuldade na vida de um estoico é uma excelente oportunidade para que se exercitem essas quatro virtudes. Como os estoicos dizem, nós estamos equipados com todas as ferramentas de que precisamos para enfrentar o mundo, pois o segredo é sempre analisarmos qualquer situação por intermédio dessas quatro virtudes.

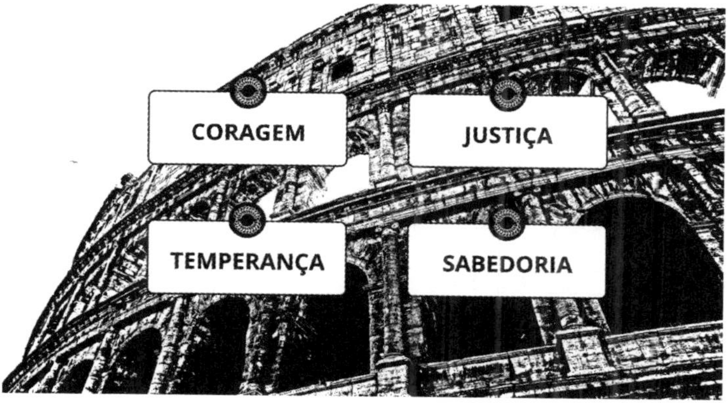


**Figura 20** • Quatro virtudes cardeais do estoicismo.

*As virtudes são as sementes que se plantam no agora e que se colhem no futuro!*

## ANTES REFLITA:

*"'Cada alma parte-se involuntariamente da verdade', diz Platão. Você pode dizer o mesmo sobre justiça, temperança, boa natureza e todas as virtudes. É 'muito necessário manter isso sempre em mente; pois, se o fizer, será mais gentil com todos os homens'."*

Marco Aurélio, *Meditações*, Livro VIII, Parte 63.

Por isso, nós apresentamos o Funil de Virtudes do Vendedor Estoico, que é o processo sistematizado para que você, vendedor, desenvolva a si mesmo!

O Funil de Virtudes do Vendedor Estoico caracteriza-se por essa análise sistematizada do que acontece na vida de um vendedor, a cada etapa, em vez de um *lead* (potencial cliente) ir afunilando, será o vendedor quem passará por este processo de evolução. É ele quem está sendo "afunilado", tomando decisões racionais com base nas quatro virtudes cardeais, sendo representadas em ordem sequenciada no funil. Essa será a ferramenta prática para que você, profissional, entenda de que maneira poderá continuar o seu processo de evolução. O estoico sabe que não pode controlar o mundo ao seu redor (*Dicotomia do Controle*), apenas a maneira como ele responde ao mundo e que deve sempre ser respondido com Temperança, Coragem, Justiça e Sabedoria.

**FUNIL DE VIRTUDES**
**DO VENDEDOR ESTOICO**

**Figura 21** • Funil de Virtudes do Vendedor Estoico.

**TEMPERANÇA:** Relaciona-se ao equilíbrio, para que a coragem não leve você a ser imprudente em suas escolhas e acabe em situações que podem ser desastrosas ao seu negócio e às suas vendas. Então é preciso ponderar escolhas, considerar possibilidades, equilibrar expectativas. Essa é a virtude da temperança.

**FUNIL DE VIRTUDES**
**DO VENDEDOR ESTOICO**

**Figura 22** • Funil de Virtudes do Vendedor Estoico – Etapa: Virtude da Temperança.

## ANTES REFLITA:

*"Vergonhoso é aquele que, esgotado mais rapidamente por seu modo de vida do que por seu trabalho, desmorona no meio de seus deveres."*

Sêneca, *Sobre a brevidade da vida*, XX.

Quem é que não tem sonhos e objetivos a realizar, não é mesmo? Afinal, quem não tem sonhos é uma pessoa que está praticamente morta! Muitos têm sonhos e objetivos, porém poucos possuem o equilíbrio. O equilíbrio é a capacidade que você tem de fazer o certo independentemente das circunstâncias externas. Ele o ajudará a persistir de forma racional em algo fundamental para a sua vida, pois você está analisando e controlando os seus impulsos emocionais de maneira racional.

Um vendedor equilibrado possui hábitos que o conduzem ao sucesso profissional e à realização pessoal, porque, por meio do equilíbrio, você certamente chegará muito mais longe. A temperança (equilíbrio) é a abundância de ter o que é essencial, e os estoicos costumavam usar temperança como sinônimo de autocontrole. O autocontrole não apenas com os bens materiais, mas autocontrole, harmonia e boa disciplina sempre no prazer ou na dor, na admiração ou no desprezo, no fracasso ou no triunfo.

A temperança nos protege contra os extremos, não confiando na fugacidade do prazer para a felicidade, nem permitindo que a dor — tão efêmera quanto o prazer — seja capaz de destruir a nossa felicidade.

O vendedor não possui passado nem futuro, só tem o hoje para vender. Por isso, vendedor, viva o agora, venda o agora. Você é um VENDEDOR que terá que ensinar e gerar VALOR com o que você tem para VENDER, então se controle e foque o seu objetivo!

**CORAGEM:** Necessária para a atuação em situações diversas.

**Figura 23** • Funil de Virtudes do Vendedor Estoico – Etapa: Virtude da Coragem.

## ANTES REFLITA:

*"A doença é um obstáculo para o corpo, mas não para a vontade, a menos que ela queira que assim seja. Mancar é um obstáculo para a sua perna, mas não para a sua vontade; e diga isso a si mesmo em relação a tudo o que vier a acontecer. Pois você vai descobrir que é um obstáculo para outra coisa, mas não realmente para você."*

Epicteto, *Encheiridion*, 9.

O cliente quer um vendedor:

- ☑ Que o faça pensar.
- ☑ Que traga novas visões e perspectivas.
- ☑ Que conheça a empresa dele e também o mercado em que está inserido.
- ☑ Que lhe ofereça soluções criativas e inovadoras para melhorar o negócio.

O cliente quer um vendedor que tenha **CORAGEM** de **ENSINAR** algo que ele ainda não sabe!

A **coragem** apresenta-se como necessária em situações diversas. Se você é tímido, é preciso coragem para entrar em contato com possíveis clientes. Se você precisa de ajuda, é preciso coragem para expressar suas necessidades. A coragem não exclui o receio de ouvir um "não" de um possível cliente, mas, se colocada em prática, pode transformar "nãos" em "sins". E um "sim" pode ser o início de uma relação próspera e duradoura, seja com um cliente, um sócio ou uma parceria de vendas. A coragem de um vendedor tem a função de promover a mudança do status quo do cliente, sendo assim, este encontro com o potencial comprador precisa provocar em você a consciência de que:

- ☑ Você precisa ter uma visão diferente do mundo, sempre um aprendiz.
- ☑ Debater positivamente com o seu cliente, você é o professor que irá ensinar-lhe o "novo".
- ☑ Estar sempre conduzindo o cliente, fazendo com que ele opte por você, e não pelo concorrente.
- ☑ Falar sempre a verdade, por mais que ela, às vezes, seja dura para quem irá recebê-la.

☑ Conhecer muito bem o negócio do seu cliente e o mercado em que o cliente atua, e então conseguir discutir e mostrar caminhos alternativos para ele.
☑ Cumprir 100% das promessas feitas para o cliente.

Cada desafio diário, desde as mais simples até as mais complexas, exige uma enorme quantidade de coragem, e o estoicismo nos conduz sempre à coragem de enfrentar o infortúnio, as nossas paixões, desejos e medos.

Devemos ter coragem para manter nossos princípios, já que somos tão estimulados o tempo inteiro para rompermos com eles.

**JUSTIÇA:** Fazer o que é certo, o que se acredita para o seu bem e o bem coletivo.

**Figura 24** • Funil de Virtudes do Vendedor Estoico – Etapa: Virtude da Justiça.

## ANTES REFLITA:

*"Se a culpa não é o meu pecado, nem consequência dele, se não há dano ao bem comum, por que estou me perturbando? Onde está o dano ao bem comum?"*

Marco Aurélio, *Meditações*, Livro V, Parte 35.

Os novos compradores estudam muito antes de receber ou chamar o vendedor.

- ☑ Os compradores implementaram processos sofisticados de seleção de fornecedores e compras.
- ☑ "60% das escolhas de compra são feitas antes do primeiro contato com o vendedor" (Forrester).
- ☑ "57% das avaliações de compras B2B são feitas sem falar com um vendedor" (McKinsey).

O cliente sabe quando você está mentindo e o prejudicando desde o primeiro momento! De que adianta ser corajoso se não for usado para um bem comum?

Para Marco Aurélio, a justiça é "a fonte de todas as outras virtudes". Ela se relaciona a fazer o que é certo, o que se acredita para o seu bem e o bem coletivo. Para alcançar grandes coisas, é preciso coragem, mas sem perder o olhar sobre o que é justo.

Vender é desenvolver percepções:

- ☑ O desenvolvimento de percepções é um processo de influência.
- ☑ Para influenciar, nós temos que ter credibilidade.
- ☑ Para ter credibilidade, nós precisamos ter confiança e competência.
- ☑ Para ter a confiança, nós temos que ser sinceros e justos com o cliente.
- ☑ Para ter a competência nós temos que ter o conhecimento e a experiência.

## ANTES REFLITA:

*"O que é mais cruel do que a raiva? O que é mais afetuoso com os outros do que o homem? No entanto, o que há de mais selvagem contra eles do que a raiva? A humanidade nasce para a ajuda mútua, raiva para a ruína mútua."*

Sêneca, *Sobre a Ira*, Livro I, 5.

Para utilizarmos a virtude da justiça no dia a dia em vendas, precisamos vender uma "SOLUÇÃO JUSTA".

Vender uma solução justa para um cliente é:

- ☑ Quando é uma resposta para um problema DELE.
- ☑ Quando o cliente RECONHECE o problema.
- ☑ Quando a RESPOSTA tem a concordância do COMPRADOR e do VENDEDOR.
- ☑ E quando a RESPOSTA provê uma MELHORA MENSURÁVEL para o cliente.

Tudo o que você prometeu, entregue!
Justiça é fazer a coisa certa, dar a cada um aquilo que é seu!

**SABEDORIA:** Ela é alcançada por pessoas que consideram as experiências vividas, inclusive, os erros cometidos e aprendem com elas, para saber dar o próximo passo. Em vendas, sabe-se que muitas coisas podem dar errado ao longo do caminho, seja pela falta ou excesso de coragem, pela falta de temperança ou por escorregões e injustiças cometidas. Sabendo considerar todas essas experiências e aprender com elas, alcança-se a sabedoria. Há sempre algo a ser aprendido, melhorado e lapidado, e só com essa virtude em vista isso é possível.

**Figura 25** • Funil de Virtudes do Vendedor Estoico – Etapa: Virtude da Sabedoria.

## ANTES REFLITA:

*"Cada homem tem o seu próprio prazer. O meu está em ter o meu guia interior sadio; sem aversão a qualquer homem, ou a qualquer acaso que possa acontecer à humanidade. No entanto, deixe-me olhar para todas as coisas com olhos bondosos. Deixe-me aceitá-las e usá-las de acordo com o seu valor."*

Marco Aurélio, *Meditações*, Livro VIII, Parte 43.

Os estoicos definem a sabedoria como conhecimento das coisas boas e más, e do que não é bom nem mal. Ou seja, o conhecimento do que devemos escolher, do que devemos tomar cuidado e do que é indiferente.

Depois de termos esse conhecimento em mãos, em última análise, a sabedoria cria as bases para a ação. Ela permite que possamos otimizar as nossas ações para que elas trabalhem a nosso favor, e não o contrário.

A sabedoria é saber aproveitar o melhor que a filosofia nos ensina e em seguida exercê-la em um mundo real, transformando palavras em ações. Nos dias atuais, ainda existe uma expressão muito comum no mundo de vendas, que é "Ele nasceu vendedor". Esta é uma falácia, ninguém nasce vendedor, ator, modelo, cantor ou qualquer outra profissão. Vendedor é uma profissão que se aprende, como qualquer outra.

Saber vender é uma habilidade que pode ser desenvolvida, e não apenas um dom! O problema ainda é que algumas pessoas acreditam que é apenas um dom, e não treinam, não se capacitam, não se mobilizam, não estudam técnicas de vendas, técnicas de persuasão e tantas outras.

Aproveite que você está exercendo essa profissão e vá ler sobre vendas, faça cursos de capacitação, leia artigos, assista a filmes que são relacionados aos assuntos de vendas. Assim como um advogado que se especializa na sua área jurídica, um vendedor pode e deve se aprimorar também. Invista mais na sua capacitação de vendas, saiba que poucas profissões dão a oportunidade de remunerações atrativas como a profissão em vendas. Saia do campo das palavras e coloque muito do seu estudo e conhecimento em ação!

# Conclusão

## Quando os momentos difíceis aparecem pelo caminho...

Ao final deste livro, esperamos que você tenha em mente um pensamento e que ele se transforme em ação na sua vida: não existe crise que resista à persistência de trabalhar e trabalhar sempre mais. Vemos muitos profissionais que, quando as coisas estão difíceis, têm a tendência a se sentirem desmotivados. Na verdade, a decisão e a ação deveriam ser opostas a essa. Pensando em tudo que abordamos, em todos os exercícios e ensinamentos apresentados, tenha certeza de que, quanto mais dificuldades se apresentarem, mais motivações para o trabalho devemos ter.

Saiba que as coisas mudam, há sempre mais para viver e para evoluir. Se você sente medo e ansiedade agora, pode e deve aprender a lidar com isso, mesmo que não consiga se livrar dessas emoções, que fazem parte da vida de todos nós. Lembre-se de que você é o responsável pelo que sente, pelas suas emoções. Então, nesse sentido, procure entender o que sente, conhecer-se a cada dia e a cada situação vivida, para não se deixar levar pela emoção que mais limita as pessoas: o medo. Não tenha medo de sentir medo, sinta-o, mas não o deixe dominá-lo a ponto de paralisá-lo e impedi-lo, ou atrapalhá-lo na busca da realização dos seus objetivos. É a busca por eles que vai levar você a alcançar a felicidade, a *Eudaimonia* de que tanto falamos neste livro.

Além disso, pare de tentar deixar todas as pessoas à sua volta felizes e satisfeitas o tempo todo. Essa unanimidade é inalcançável e não deve ser uma busca sua. Com isso, tenha em mente que você pode, sim, colaborar em alguns momentos e em algumas situações para que as pessoas se sintam bem. Porém, assim como você é responsável pelo que sente, as pessoas que estão perto de você ou com quem você se relaciona também devem se responsabilizar pelo que sentem e fazem para se sentirem satisfeitas com as suas vidas. Lembre-se de deixar de lado, então, o que não está sob o seu controle, foque seus esforços no que você pode controlar, como as suas emoções e ações diante da vida. Essa escolha o levará a caminhos maravilhosos de autorrealização e de bem-estar pessoal e profissional.

"Quando o estoicismo entrou na minha vida, como disse no início deste livro, eu vi a chance de que essa filosofia impactasse mais pessoas, assim como me impactou e me impacta. Sei e vivo a experiência das vendas e do empreendedorismo. Posso dizer que, a partir da minha vivência, empreender é um ato solitário e vender também é um ato solitário. Já vivi na pele a sensação de não saber o que fazer na minha empresa. E como é triste quando não encontramos respostas para as nossas frustrações!

No estoicismo, continuo encontrando boa parte dessas respostas e percebi que, mesmo sem saber, sempre fui um estoico. Quando conheci a fundo o estoicismo, como contei, estava passando por um momento de depressão e pude me reerguer." (Rafael Mendes)

O que podemos dizer a você, como última mensagem é "Viva de acordo com a natureza". É essa vida que vai levá-lo a encontros e caminhos que, ao fim, o levarão a *Eudaimonia* plena!

Desejamos a você sabedoria, justiça, temperança e coragem!

**Por Rafael Mendes e Mamá Brito.**

*"Você fez esforços e vagou muito, mas não encontrou a felicidade em lugar algum; nem em silogismos, nem em riquezas, nem na fama ou no prazer. Onde está ela, então? Em desempenhar aquela parte que a natureza humana requer. Como você pode representar essa parte? Mantendo os princípios como a fonte de seus desejos e ações. Quais princípios? Os princípios do bem e do mal: nada é bom para o homem se não o torna justo, moderado, corajoso e livre; e nada pode ser mau se não o torna o contrário de todas essas virtudes."*

Marco Aurélio, *Meditações*, Livro VIII, Parte 1.

# Referências bibliográficas


ARRIANO, Flávio. **O Manual de Epicteto**. São Paulo. Editora Auster, 2021.

AURÉLIO, Marco. *et al.* **365 Reflexões Estoicas:** Capa Especial + marcador de páginas. Capa comum. São Paulo: Camelot Editora, 1ª edição, 2022.

AURÉLIO, Marco. Marco Aurélio, **Meditações.** São Paulo: Editora Principis, 2020.

BÍBLIA. Português. Bíblia Sagrada Letra Grande – Couro sintético marrom--escuro: Nova Tradução na Linguagem de Hoje (NTLH) – Editora SBB; Notas e referência bíblicas, Vocabulário edição, 2019.

CIALDINI, R.B. **As armas da persuasão: Como influenciar e não se deixar influenciar.** Rio de Janeiro: Editora Sextante, 1ª edição, 2012.

DINUCCI, Aldo. *et al.* **O Encheiridion de Epicteto:** Edição Bilíngue. Sergipe: Universidade Federal de Sergipe, 2012.

HANSELMAN, Stephen; HOLIDAY, Ryan. **A Vida dos Estoicos: A Arte de Viver, de Zenão a Marco Aurélio.** Rio de Janeiro: Intrínseca, 1ª edição, 2021.

HOLMES, Chet. **A Máquina Definitiva de Vendas.** Rio de Janeiro: Alta Books Editora, 2014.

LAÉRCIO, Diógenes. **VIDAS DE FILÓSOFOS ILUSTRES.** São Paulo: OMEGA, 2002.

LAERTIUS, Diogenes. **As vidas e as opiniões dos eminentes filósofos.** (Biblioteca clássica de Bohn), Edição Inglês, 1909.

SÊNECA. **Cartas de um Estoico,** volume 1. Tradução: Alexandre Pires Vieira, Montecristo Editora, 2ª edição, 2021.

SÊNECA. **Sobre a brevidade da vida.** Tradução: Fábio Meneses. São Paulo: Editora Principis, 2021.

SÊNECA. **Sobre a ira.** São Paulo: Editora Camelot, 2021.

SÊNECA; EPICTETO. **Cartas de um Estoico,** volume 2. Tradução: Aldo Dinucci, Adaptação: Flávio Arriano. Montecristo Editora; 1ª edição, 2021.

## Referências online

A LUTA PELA ESPERANÇA. **Adoro Cinema,** 2021. Disponível em: https://www.adorocinema.com/filmes/filme-28787/. Acesso em: 23/12/2023.

CONSUMIR notícias ruins faz mal para a saúde e pode se transformar em ciclo vicioso. **Consumidor Moderno,** 2019. Disponível em: https://consumidormoderno.com.br/noticias-ruins-mal-saude-vicio/. Acesso em: 23/12/2023.

ENCARGO. In: DICIO, Dicionário Online de Português. Porto: 7Graus, 2023. Disponível em: https://www.dicio.com.br/encargo/. Acesso em: 23/12/2023.

PÓRTICO. In: DICIO, Dicionário Online de Português. Porto: 7Graus, 2023. Disponível em: https://www.dicio.com.br/portico/. Acesso em: 23/12/2023.

# Índice


## A

ações, 92, 184, 192
AIDA, 92
Amor Fati, 17
ansiedade, 30, 73, 126, 148, 193
aprendizado, 24
Arriano, Flávio, 169
arte de viver, 168
ataraxia, 148
atenção, 92
atitude, 16, 38, 127
autoconhecimento, 117, 168, 171
autocontrole, 26, 129, 187

## B

Bandwagon, efeito, 96
Bem, Mal e Indiferente, 165

## C

Cialdini, Robert, 137
Cidadela Interior, 54, 130
Cleantes de Assos, 27
comportamento(s), 24, 40, 164
conexão, 87
  emocional, 48
  verdadeira, 169
confiança, excesso de, 96
controle, 28, 40, 67, 117, 125, 148, 171
  das emoções, 30
coragem, 18, 106, 129, 172, 177, 187, 194
Crates, 26, 145
cross-selling, 107–110

## D

Delfos, máxima de, 172
desejo, 92
diálogo interno, 168
Dicotomia do Controle, 37, 46, 185
disciplina, 26, 171, 187
disponibilidade heurística, 95
Dunning, David, 140
Dunning-Kruger, efeito, 140

## E

empreendedor/empreender, 8, 13, 16, 106, 114, 141, 194
Epicteto, 16, 28, 165, 168
Epistemologia, 156
equilíbrio, 22, 38, 187
escolhas, 16, 43, 96, 117, 154

estoicismo, 24, 44, 120, 145, 160–162, 176, 184, 194
hacks do, 124–142
sabedoria romana, 151
ética, 25, 148
estoica, 164
eudaimonia, 43, 193
eudaimonismo, 148
Evans-Wentz, Walter Yeeling, 174
expectativas, definir, 51

## F

felicidade, 117, 148, 169
fidelidade, 170
filosofia estoica, 16, 44, 145, 151
física, 25, 147
estoica, 160–162
fluxo de cadência, 135
fraternidade, 170
Funil de Vendas, 180
Funil de Virtudes do Vendedor Estoico, 185

## G

gatilhos mentais, 93

## H

habilidade de ouvir, 26, 55
hábito(s), 24, 42
harmonia, 30, 137, 187
Holiday, Ryan, 16
Holmes, Chet, 80

## I

ilusão de agrupamento, 96
imaginação, uso da, 172
insegurança, 8, 31, 73
isolamento, 12, 168

## J

julgamento, 132, 146, 157
justiça, 19, 63, 106, 129, 177, 189, 194

## K

kernel, 184
Kotler, Philip, 107
Kruger, Justin, 140

## L

Laércio, Diógenes, 160, 165
Lebell, Sharon, 169
liberdade, 28, 54
lógica, 48, 147
estoica, 25, 156–158

## M

maiêutica, 145
Marco Aurélio, 16, 29, 44, 126, 154, 176, 190
Matriz de Atributos e Benefícios, 76, 182
medo(s), 24, 52, 73, 125, 193
do julgamento, 146
do "não", 8
Memento Mori, 16, 178
metaprograma(s), 87
metas, definir, 43
morte, 153–154
aceitação da, 171
motivação, 16, 87, 137, 174

## N

natureza racional, 25
Neurocopy, 103
neurônio espelho, 92
neurovendas, 86

## O

obstáculos, 9, 24, 52, 117, 177
Oikeiosis, 165
oportunidade(s), 8, 38, 80, 137, 178

## P

paciência, 148, 177
padrões de convencimento, 89
Panécio de Rodes, 24, 27
pecúnia, 43, 106
percepção seletiva, 96
persuasão, 87
  armas de, 80
  técnicas de, 192
Pirâmide da Dicotomia do Controle [DC], 37–48, 126
Pitágoras, 168
Platão, 30, 168
Posidônio, 24
Premeditatio Malorum, 17, 139

## Q

quietude, 21

## R

razão, 153, 161, 184
realista, ser, 17
reflexão, 157, 171
resiliência, 16, 177
resistência, 177

## S

sabedoria, 20, 56, 106, 129, 177, 191, 194
Sagan, Carl, 130
Sêneca, 16, 28, 44, 117, 154
Silver, Roxane Cohen, 130
Sócrates, 26, 34, 66, 139, 145, 151
solidão, 168
solução justa, 191

## T

táticas, 37, 42
Técnica de Espelhamento e Correspondência, 49
temperança, 19, 106, 177, 186, 194
tempo, 16, 52, 154
Thompson, Rebecca, 130
tomada de decisão, 103, 165

## U

up-selling, 109–111

## V

vender, como, 80–84
verdade, 60, 71, 117, 128
vício, 145
vida virtuosa, 25
vieses cognitivos, 95–98
virtudes cardeais estoicas, 18, 137, 178, 184

## Z

Zenão de Cítio, 24, 26, 145, 151

**Impressão e Acabamento | Gráfica Viena**
www.graficaviena.com.br